Wiedemann

Altersbriefe

Hans-Rudolf Wiedemann

Altersbriefe bedeutender Menschen in Handschrift und Druck

Hansisches Verlagskontor H. Scheffler

Zur Erinnerung
an meinen ersten ärztlichen Lehrer, Professor Jussuf **Ibrahim** (1877 – 1953),
der – als Mensch und Arzt Unzähligen ein Vorbild –
in Jena bis in sein hohes Alter segensreich kinderärztlich gewirkt hat
und
an meinen Vater, Dr. med. Otto **Wiedemann** (1879 – 1968),
der als praktischer Arzt in Bremen
bis kurz vor seinem Tode ein unermüdlicher Helfer für andere gewesen ist

Gestaltung: Atelier Schmidt-Römhild
Satz und Druck: Schmidt-Römhild, Lübeck
Einband: Gehring, Bielefeld
ISBN 3-87302-0009

Motto

Es vergeht kaum ein Tag, an dem ich nicht ein paar
Briefe schreibe. Lieber schreibe ich einen Brief,
als dass ich ein Telefongespräch führe . . .
Freilich hat die Endgültigkeit der Schrift,
verglichen mit der Flüchtigkeit mündlicher,
auch fernmündlicher Verständigung, ihre
fatale Seite. Es ist schwerer, einen brieflich
begangenen Fehler zu berichtigen, einen unglück-
lichen Ausdruck vergessen zu machen. Schrift-
lichkeit verschärft die Verantwortung. Wiederum
erleichtert sie ein diplomatisches Verhalten.
Indem man einen Brief schreibt, ist man allein,
der Partner tritt nicht störend in Erscheinung,
unterbricht den Schreiber nicht mit Einreden
und Widerreden – oder auch mit Zustimmungen,
Zuwendungen. So mag es vorkommen, dass ein Brief,
wiewohl der Mitteilung dienlich, doch geschrieben
wird, den Dialog gerade zu vermeiden, wenig-
stens hinauszuzögern. Der Brief erlaubt eine
Kommunikation auf Distanz.

Aus: Dolf Sternberger, Erwägungen
eines Briefschreibers. Neue Zürcher
Zeitung 10./11. März 1984

Vorwort

Unser Leben währet siebenzig Jahr,
und wenn's hoch kommt, so sind's achtzig Jahr . . .
(Psalm 90, 10)

Dieses Bibelwort hat nie Allgemeingültigkeit gehabt, um so weniger, je weiter wir zeitlich zurückblicken. Es galt für einzelne, für Ausnahmen. Mit dem steilen Anstieg der durchschnittlichen Lebenserwartung ist in unserem Zivilisationsbereich nun eine mittlere Lebensdauer von gut 70 Jahren erreicht worden, während noch um die Jahrhundertwende die mittlere Lebenserwartung etwa 45 Jahre betrug; der Anteil alter Menschen an der Bevölkerungszahl ist somit eminent angestiegen. Im Einzelfall indes entscheiden Erbanlagen und Umweltfaktoren, „Zufälle" der unterschiedlichsten Art, in einem unübersehbaren Zusammenspiel darüber, ob der Mensch „alt", „sehr alt" oder gar „außerordentlich alt" werden kann. Diese Faktoren entscheiden vor allem aber auch darüber, ob das Alter in geistiger Beweglichkeit, in fortdauernder geistiger Aktivität, vielleicht sogar Produktivität, weitergelebt werden kann. Wenn das der Fall ist, so spricht man mit Recht von einer Gnade.

Anliegen des hier vorgelegten Buches ist es, geistiges Leben und Wirken altgewordener bedeutender Menschen anhand von Briefen zu dokumentieren. 67 „Altersbriefe" von 61 Autoren, darunter – zum Bedauern des Herausgebers – von nur 6 Frauen, sind in diesem Buch wiedergegeben. Alle aus der ungleich größeren Sammlung des Herausgebers ausgewählten Briefe entstammen dem europäischen Kulturbereich, mit einer Ausnahme (George Washington). Die vorgelegten Zeugnisse geben zugleich einen Einblick in die Briefkultur Europas, hauptsächlich des 19. Jahrhunderts.

Die Briefe umfassen die Zeit von 1700 (John Locke) bis zur Gegenwart. Die meisten Autoren waren z. Zt. der Niederschrift in den Siebzigern oder Achtzigern, einige standen erst an der Schwelle der siebzig, einer war bereits in den Neunzigern, ein anderer gar im 104. Lebensjahr. Sie alle waren – ob Wissenschafter, Komponisten oder Maler, Dichter oder Schriftsteller, politisch handelnde Persönlichkeiten oder Ärzte – Menschen, die geistig arbeiten.

Verständlicherweise sind an Form und Inhalt mancher Briefe „Alterserscheinungen" der Autoren erkennbar – vereinzelt allerdings auch nur scheinbare. (Soweit notwendig, findet sich ein Hinweis dazu in den Anmerkungen). Nicht zu finden sind in den hier vorgelegten Briefen Klagen über Altersbeschwerden; war das Altwerden und Altsein „gelungen", so war auch gelernt worden, mehr-minder „gegen" den eigenen Leib (Eduard Spranger) zu leben.

Neben Schreiben politischen oder zumindest teilweise politischen Inhalts (z. B. Friedrich der Große, Ernst Moritz Arndt), stehen – um nur einige aufzuführen – Zeilen warmherziger Freundschaft (etwa des Letztgenannten oder von Heinrich Hoffmann-Donner), Dankesbriefe, wissenschaftlich-kritische Aussagen (z. B. Sir Francis Galton, Gottfried Wilhelm Leibniz, Max Planck), weiterhin mehr oder minder formelle Benachrichtigungen, Bittgesuche und Wunschschreiben (z. B. Goethe, A. v. Humboldt, Kant, Pestalozzi, Voltaire) oder leicht hingetupfte Plauderzeilen (Theodor Fontane) sowie sogar Zeilen eines „Verehrers" (Joseph Haydn). Neben Briefen altruistischer Prägung (z. B. Albert Schweitzer) stehen andere, gegensätzliche, die eine eindeutig egozentrische Wesensart des Autors erkennen lassen (z. B. Clemens Fürst Metternich; letztgenannter spricht von der kranken Gesellschaft und erwägt, wie er sich im Falle seiner Geburt im 20. oder 21. Jahrhundert auf das Leben hätte einstellen können). Neben Schreiben vorwärtsschauender, planender und unternehmender Autoren finden sich weitere betrachtenden oder rückschauenden Inhalts.

Den Betrachter und Leser werden die Handschriften – jeweils auf dem rechtsseitigen Blatt, dem Drucktext gegenüber – in ihrer Vielfalt und in ihren Wesenszügen fesseln: Welch' ein Einblick wird – auch dem nicht speziell graphologisch Interessierten – in die Persönlichkeit der Autoren erschlossen. Wie eindeutig läßt zumeist bereits das Schriftbild die geistige Aktivität des Urhebers erkennen.

Allerdings stammen drei Briefe (Karl Erst v. Baer, Christoph Willibald Gluck, Helmuth Graf v. Moltke) von Schreiberhand; bei fünf weiteren handelt es sich um Typoskripte; jedoch sind diese sieben Briefe eigenhändig signiert.

Die überwiegende Mehrzahl der vorliegenden Briefe wird hier erstmals veröffentlicht.

Alle Handschreiben wurden sorgfältig transkribiert; fremdsprachliche Texte wurden übersetzt (wobei in einigen Fällen sachkundige Hilfe von anderer Seite notwendig war); ich habe – bei aller Exaktheit in der Wiedergabe der Originale – für erlaubt gehalten, bei Übersetzungen einen freieren, sinngemäßen Text zu wählen.

Jedem Brief wurde ein Porträt des Autors – wenn möglich ein Altersbild – vorangestellt.

Alle Handschriften konnten in Originalgröße wiedergegeben werden. Dem Verlangen des Lesers, über den jeweiligen Urheber und seinen Brief weiteres zu erfahren, bin ich in dem meinen Band abschließenden Anmerkungsteil nachgekommen. Nicht zuletzt finden sich hier Hinweise auf die inhaltliche Bedeutung solcher Schreiben, die dem Leser zunächst als wenig wichtig erscheinen könnten (z. B. Gerhart Hauptmann).

Sollte ich gefragt werden, warum ich mir die Mühe und zeitaufwendige Arbeit mache, viele in meinem Besitz befindliche Handschriften zu veröffentlichen, so möchte ich mit zwei Zitaten antworten. „Ein Reich, . . in dem es kein Sparen gibt, in dem man am liebsten alles, was produziert wird, weggeben möchte, ist des Reich des Geistes. Ein Mensch, der ein Gedicht erfindet, möchte es nicht für sich behalten, sondern es allen anderen Menschen vorlesen, einschließlich derjenigen, die keine Lust haben, es sich anzuhören! Der Geist . . gibt alles weg; der Geist ist das Reich, in dem es kein 'Zuviel' gibt"[1]). Und weiter: Thomas Mann, nach seiner Schaffensweise und dem Sinn seines unermüdlichen Schaffens befragt, sagte am Schluß seiner Antwort „Ihre letzte Frage nach dem eigentlichen Ziel meiner Arbeit ist am schwersten zu beantworten. Ich sage einfach: 'Freude'"[2]). Möge die Freude, die die hier vorgelegten Briefe dem Herausgeber gemacht haben und machen, auch viele Leser erfüllen. Wenn dieses Buch darüber hinaus dem einen oder anderen, der sich „altern" fühlt, angesichts so mancher leuchtender Vorbilder Mut zum Durchhalten und zu neuen Anfängen bei geistigen Aufgabestellungen machen könnte, so wäre dies mein schönster Lohn.

Mein lebhafter Dank für guten Rat und sonstige Unterstützung bei der Vorbereitung dieses Bandes gilt:

Herrn Dr. Jürgen Behrens, Frankfurt a.M.
Herrn Prof. Dr. Giuseppe Robert Burgio, Pavia
Frau Gertrud Fischer, Freiburg i.Br.
Herrn Helmut Fliedner, Kiel
Herrn Prof. Dr. Jörn Göres, Düsseldorf
Herrn Prof. D. Dr. h. c. Albrecht Goes, Stuttgart
Frau Maria Guttenbrunner-Zuckmayer, Wien
Herrn Prof. Dr. Karl-Heinz Hahn, Weimar
Frau Prof. Dr. Erika Hoffmann, Göttingen
Frau Monika Holzscheiter, Kiel
Herrn Dr. G. Ivády, Budapest
Frau Olda Kokoschka, Villeneuve (Schweiz)
Herrn Dieter Kormann, Pullach
Frau Oberstudienrätin Hella Küster, Diepholz
Frau Eleonore von La Chevallerie, Hankensbüttel
Herrn Klaus Mecklenburg, Marburg a.d. Lahn
Herrn Prof. Dr. Helmuth Nürnberger, Hamburg
Frau Dipl.-Bibliothekarin V. Ottenbacher, Biberach a.d. Riß
Herrn Dr. R. Purrmann, Starnberg
Herrn Dr. H. Radspieler, Neu-Ulm
Herrn Dr. Dr. Hans Roos, Hildesheim
Herrn Doz. Dr. sc. Helmke Schierhorn, Magdeburg
Herrn Dr. h. c. Adolf Seebaß, Basel
Herrn Georg Seidel, Rogate (England)
Frau Irmgard Straßmann, Mainz
Herrn Prof. Dr. Josef Švejcar, Prag
Frau Verena Tammann, Basel
Herrn Prof. Dr. Martin Urban, Seebüll
Herrn Dr. Werner Volke und
Herrn Prof. Dr. Dr. h. c. Bernhard Zeller, beide Marbach a. Neckar,

sowie meinen Kollegen im Lehrkörper der Christian-Albrechts-Universität zu Kiel, den Herren Prof. Dr. Drs. h. c. Erich Burck, Dr. Sebastiano Caso, Prof. Dr. Dietrich Jäger, Prof. Dr. Karl Jordan †, Prof. Dr. h. c. Karl-August Ott und Prof. Dr. Erich Trunz.

Mein Dank gilt weiterhin meiner Sekretärin Frau Maria Fliedner, als immer einsatzbereiter, engagierter und kritischer Mitarbeiterin, und er gilt meinem Verleger Herrn Norbert Beleke sowie Herrn Heinz Scheffler in Essen bzw. Lübeck.

Kiel, im Frühjahr 1984 HANS-RUDOLF WIEDEMANN

---

[1]) aus „Aristoteles über die Moderne" von Walter Johannes Stein, Deutsch von Thomas Meier (Originaltitel: Aristotle reviews the present world; erschienen in The present age, Vol. 2, Nr. 4, p. 45–50, London 1957).

[2]) aus „Von der Gelassenheit" von Friedrich Michael, Verlag der Arche, Zürich, 1965, p. 35/36.

Inhalt

Seite

Ernst Moritz Arndt
(1769 – 1860)
Stahlstich von C. Barth

Bonn den 5. des Wintermonds 1838.

Meine geliebte Karoline – verzeihen Sie, ich muß den Mund schon so voll nehmen, als das Herz ist, und ich fühle, daß Sie mich lieben – meine geliebte Karoline also, was werden Sie denken, daß ich auf Ihren lieben Brief vom 4. September 1837 den 5. Jan 38 Ihnen antworte, also erst nach 4 Monaten? und auf einen so lieben ja liebsten Brief? Nehmen Sie als Einleitung die wunderliche Geschichte dieses Briefes. Spät erst, ich meine, erst im November, brachte mir ihn ein Kandidat aus Koblenz, der die G. . .sischen Kinder unterrichtet, als ich eben in einem Gewimmel von Menschen und Papieren verworren war und binnen einer Stunde auf ein paar Tage verreisen mußte. Als ich zurückkam, hatten meine Weiber die Zimmer gesäubert und meine Unordnung so gut geordnet, daß ich ihn und andre kleine Papiere lange vergebens suchte und endlich an den Wind, der ein Fensterspiel gemacht, oder an ein zufälliges Handspiel dachte! Genug, ich gab das liebe Geschenk verloren. Nun hab' ich ihn vor ein paar Stunden in einem alten Kartenkonvolut gefunden, und mich gefreut und auch ein bischen geschämt, daß ich so spät kommen muß. Indessen will ich gleich mit Ihrer breiteren Hälfte, mit Hegewisch abrechnen: meine Schaam ist doch eine unschuldige, die seinige aber eine sehr sündliche, daß er so mir nichts dir nichts, als wenn hier nicht auch Leute wohnten, die ihn gern gesehen hätten, an Bonn vorbei oder vielmehr über uns hin geflogen ist. Das ist so arg, daß ich beinahe aller seiner lieben Ehrengeschenke, deren ich mich so oft gefreut, liebe Last auf diese Sünde legen und sie davon in die Luft schnellen laßen mögte. Das sagen Sie ihm nur ganz ernst und grad ins Gesicht, grüßen ihn dabei aber doch mit dem Wunsche, daß er und das liebe Töchterchen um Ihretwillen eine recht heitere und wohlthuende Reise gemacht haben mögen!

Und nun gleich frisch eingefallen mit dem üblichen christlichen *fröhlichen Neujahrswunsch,* den ich Ihnen aus vollem Herzen darbringe. Ich weiß freilich wohl, daß sein Anfang Ihnen nichts Fröhliches gebracht hat, aber die noch übrigen 360 Tage können es gut machen und das Ende vielleicht noch Freude bringen. Was unsern lieben Dahlmann betroffen hat, ist freilich ein Ding voll Unruh und Lärm, was der bescheidene und ernste Mann nie geliebt hat; indeßen es ist bei einem festen Karakter, wie er ihn nun ein Vierteljahrhundert ehrenfest bewährt hat, ein Glück: sich nämlich einer eigenen freien

Ernst Moritz Arndt im 69. Lebensjahr
an Karoline Hegewisch geb. von Linstow in Kiel

die ich hatte nicht Zeit ihn zu [illegible] [illegible] [illegible] [illegible] Alles —

Bonn den 5ten des Wintermonds 1838.

Meine geliebte Karoline, vergeben Sie, ich muß Sie den Namen schon so voll nennen, weil das Herz ist, und ich fühle, daß Sie mich lieben[illegible] meine geliebte Karoline [illegible] werden Sie denken, daß ich auf Ihren lieben Brief vom 4ten Oktober 1837 den 5 Jan. 38 Ihnen antworte, also erst nach 4 Monaten? Und doch einen so lieben zu liebsten Brief! Nehmen Sie als Einleitung die wunderliche Geschichte dieses Briefes. [illegible] ich meine erst im November, damals wurde ich zu Candidat [illegible], der die Preußischen Kinder unterrichtet, als ich aber in einem [illegible] von [illegible] und [illegible] verwandelt war und [illegible] einen [illegible] auch ein paar Tage [illegible] mußte. Als ich zurückkam, hatten meine Weiber die Zimmer gesäubert und meine Unordnung so gut geordnet, daß ich ihn und andere kleinen Papiere lange vergebens suchte und endlich [illegible] den Brief [illegible] [illegible], ich [illegible] das liebe Schreiben verloren. [illegible] habe ich ihn vor ein paar Tagen in einem alten [illegible] gefunden, und [illegible] gefreut und mich ein bischen geschämt, daß ich so spät kommen muß. [illegible] will ich gleich mit Ihrer [illegible] [illegible], mit [illegible] [illegible]: [illegible] Ihnen ist [illegible] eine [illegible], die [illegible] aber [illegible], daß Sie ihr [illegible] [illegible] hatten, [illegible] [illegible] oder vielleicht über [illegible] [illegible] ist. [illegible] so [illegible], daß ich [illegible] aller [illegible] lieben [illegible], [illegible] ich [illegible] lieber [illegible] [illegible] [illegible] in die [illegible] [illegible] lassen möchte. Das sagen Sie [illegible] [illegible] und [illegible] [illegible], [illegible] [illegible] dabei aber [illegible] mit [illegible] und das liebe Töchterchen um Ihretwillen [illegible] [illegible] und [illegible] [illegible] gemacht haben mögen!

Und dann [illegible] [illegible] [illegible] mit dem [illegible] [illegible] [illegible] [illegible], den ich Ihnen mit vollem Herzen darbringe. Ich [illegible] [illegible] wohl, daß [illegible] Anfang Ihnen nichts Fröhliches gebracht hat, aber die noch übrigen 360 Tage können [illegible] [illegible] und das Ende vielleicht noch [illegible] bringen. [illegible] unsern lieben [illegible] betroffen hat, ist freilich ein Ding voll Ungemach und [illegible], [illegible] der [illegible] und [illegible] Mann [illegible] geliebt hat, [illegible] [illegible] bei einem [illegible] [illegible], wie er ihn [illegible] [illegible] [illegible] [illegible] [illegible] hat, ein [illegible]: [illegible] nämlich einer eigenen [illegible]

[illegible] [illegible] [illegible] [illegible] [illegible] [illegible] [illegible] [illegible] [illegible] [illegible] [illegible] [illegible]

Persönlichkeit bewußt zu seyn und sich nicht in dem gemeinen Pantheismus der schleichenden Diener der Gewalt oder der fremden Pöbeljacobiner mit zerfließen zu fühlen. Es ist dies das Bewußtseyn der jenseitigen und diesseitigen Unsterblichkeit; wenigstens hat es zuweilen auch zur diesseitigen (zur unteren) geführt, zur jenseitigen (oberen) wirkt es als ein geistiges Unterpfand hin. Jene göttinger Männer, wie verschieden die Welt darüber auch urtheilen oder schreien mag, könnten geirrt haben – was ich nicht glaube – aus geprüftem Pflichtgefühl haben sie, wie wir und das Vaterland sie kennen, gewiß allein gehandelt. Dahlmann [,] die Grimms, Albrecht, O. Müller [,] Gervinus etc. etc. stehen mit ihren in Thaten und Schriften ausgesprochenen Ansichten und Gesinnungen hell vor der Kunde des ganzen deutschen Vaterlandes: alle ohne Unterschied mehr aristokratischen und monarchischen Neigungen und Grundsätzen anhangend als einem unbestimmten gestaltlosen und dünkelvollen demokratischen Liberalismus. Sie haben also gehandelt, wie sie gehandelt haben, nur aus der Überzeugung, daß ein ächter Protestant, der dem Pabst sogar das Recht der willkürlichen und einseitigen Entbindung vom Eide absprechen muß, dies einem britischen und deutschen Fürsten nimmer zugestehen dürfe. Wir wollen denn hoffen, daß Gott auch ein Beschirmer dieser Männer seyn wird, deren stille Nester freilich mit Weibern und Kindern in der unheimlichsten Zeit des Jahres gewaltig aus einander gerissen sind.

Nun haben wir im lieben Deutschlande diese beiden Lärmstangen Hannover und Köln aufgesteckt, worum sich die Köpfe und Zungen der Menschen mannigfaltig zerstoßen und zermüden. Auch diese päbstlichen Großsprechereien werden im 19. Jahrhundert endlich zum Guten führen. Man hat so viel versäumt in Wien und anderswo, man hat der römischen Kurie gegenüber auch in Berlin zu redlich und nachgiebig sich gezeigt: wenn unser alter Herr in Berlin nachhaltig böse wird und den Handel mit Rom so ernst und so fest, ich sollte sagen, so deutsch, behandelt und durchhandelt, wie es des wissenschaftlichsten und sittlichsten Volks in Europa würdig ist, so können die Schlangen- und Drachen-Zähne, welche dunkle Pfaffen und fanatische Junker hier am Rhein haben aussäen wollen, als eine grüne Saat tüchtigeren und ehrlicheren Lebens und Strebens auflaufen.

Sie haben mich auch durch Ihre traulichen Worte auf das misliche Feld der Politik, wo mir so viel Rattenpulver ausgestreut ist, gelockt, durch Ihre Winke und Ihre Klagen. Ich klage mit, ja zuweilen

Persönlichkeit bewußt zu seyn und sich nicht in dem gemeinen Knechtsinn [illegible] der schleichenden Diener der Gewalt oder der [illegible] Pöbelgötzen [illegible] mit zerfließen zu fühlen. Es ist dies das Bewußtseyn der geistigen und sittlichen Unabhängigkeit. ~~[illegible]~~ hat es gewählt sich zu deßen [illegible] zur [illegible] geführt, zur geistigen (oberen) [illegible] ein [illegible] Unterstand sei. Kein geistiger Mann, wie verschieden die Welt darüber urtheilen oder [illegible] mag, könnten gewesen haben — man soll nicht glauben — daß gegen ihr Pflichtgefühl haben sie, wie wir und das Vaterland sie kennen, gewiß allein gehandelt. Dahlmann die Brüder Albrecht O. Müller Gervinus [illegible] etc. stehen mit ihren [illegible] und [illegible] Professoren [illegible] und [illegible] [illegible] vor den Augen des ganzen deutschen Vaterlandes: alle [illegible] Unterschied [illegible] mehr [illegible] und monarchischen Neigungen und Grundsätzen erscheint als einer unbescheinbar gestaltlosen und [illegible] demokratischen Liberalismus. Sie haben also gehandelt, wie sie gehandelt haben, nur aus der Überzeugung, daß ein ächter Protestant, der dem selbst [illegible] der [illegible] und [illegible] Verbindung von [illegible], daß man [illegible] und deutschen Fürsten [illegible]. Wir wollen denn hoffen, daß Gott auch ein Erbarmen dieser Männer seyn wird, deren stille Altäre freilich mit Weibern und Kindern in der [illegible] Zeit des Jahres gewaltig auseinander gerissen sind.
Nun haben wir im lieben Deutschlande dieses Leiden [illegible] aufgestellt, woran sich die [illegible] und [illegible] der Menschen mannigfaltig [illegible] und [illegible]. Auf diese [illegible] werden im 19. Jahrhundert endlich zum Opfer führen. Man [illegible] so viel [illegible] Main und anderswo, [illegible] der [illegible] gegenüber [illegible] zu redlich und [illegible] sich gezeigt: wenn unser alter Herr in Berlin nachhaltig [illegible] und den Handel mit [illegible] so [illegible] und so fest [illegible] sollte seyn, so deutsch, behandelt und durchhandelt, wie es des geistigsten [illegible] und sittlichsten Volks in Europa würdig ist, so können die Schlangen= und Drachen= zähne, welche dunkle [illegible] und fanatische [illegible] hier am Rhein haben [illegible] wollen, als eine grüne Saat [illegible] und [illegible] aufgehen.

Sie haben mich auch durch Ihre trauliche Worte auf das [illegible] Feld der Politik, wo mir so viel [illegible] ist, [illegible] durch Ihr [illegible] und Ihre [illegible] mit, zu zürnen

[illegible]

mögt' ich mit einem Donnerwetter drein schlagen, daß Leute, die unsre eignen Thaten und Geschichten edel und freiherzig darzustellen oft so viel hindern und hemmen, den lügenhaften und prahlerischen englischen und französischen Denkbüchern unbedenklich über die Zeitgeschichte freien Lauf laßen; daß andern Narren Napoleon nicht bloß ein außerordentlicher Feldherr sondern auch ein guter und großer Mann heißt, daß Robespierre für einen großartigen begeisterten Bürger gelten soll. Ich sage: das ist allerdings ärgerlich, aber, wenn man das vor uns Liegende bedenkt, doch begreiflich [,] natürlich [,] ja sogar zu entschuldigen. Ich will den guten Willen unsrer meisten Fürsten nicht anklagen, aber viele derselben wollen still und bequem regieren, wo die ganze Welt voll Bewegung und Erregung ist. Absichtlich hat man viele deutsche Feuer ausgelöscht, die wohl gepflegt nur geleuchtet und nicht gebrannt haben würden; und man soll sich wundern, daß so Manche mit wälschen Irrwischgaukeleien sich fortspielen laßen?

Der erste Theil der Niebuhriana ist vor wenigen Tagen hier angekommen und bewegt die Herzen und Zungen der Menschen auf die allerverschiedenste Weise. So freundlich der Mann oft war, so war er doch nicht in die Welt gekommen den Frieden zu bringen: ach! den Frieden, den die Menge will, bringen große Menschen selten. Mir, dem der Treffliche im Leben meistens hold und zugethan war, ist dieser Spiegel seines Lebens und auch der Zeitgeschichte oft höchst rührend, ja tragisch gewesen. Es war überhaupt viel Tragisches in dem Manne, und vom Alfa bis Omega seines Lebens waren es seine oft zu kindlichen und zu geschwinden Träume; und darin war er allerdings ein mächtiger Poet, obgleich er sich damit wohl getäuscht hat, es sey durch Erziehung und willkürliche und zufällige Umgebungen und Einflüsse in seine früheren Jahre eine ursprünglich poetische Natur in eine kritische reflectirende verwandelt, u. er habe ein Licht seyn können und sey vielleicht nur ein Spiegel (ein reflector) geworden. Ja viele der Ergießungen Klagen und Selbstanklagen des edlen Mannes – denn das war er – sind mir unendlich tragisch: denn Vieles darin ist nur die eigene tragische Fabel jedes strebenden zwischen Himmel und Erde hin und her schwebenden Menschen. Amen!

Und Sie klagen so schön, liebe Karoline, daß Sie nicht mit an den Rhein haben fahren sollen, sprechen von grauendem Haar, und winken, als wenn es nun wohl kaum eine Hoffnung mehr geben könne, unsre herrlichen

möchte ich mit einem Donnerwetter drein schlagen, daß Leute, die unserer eignen Thaten und Schriften edel und freiherzig dargestellt erst so viel hindern und hemmen, den Lügenschriften und sonstigen englischen und französischen Denkbüchern, insbesondere aber der Zeitgeschichte freien Lauf lassen; daß andern Baron Hagelow nicht bloß ein unsterb=derblicher Feldherr sondern auch ein guter und großer Mann heißt, daß Kobalzieren für einen großartigen begeisterten Bürger gelten soll. Ich sage: das ist allerdings verzeihlich, aber, wenn man das Leer und Liegende bedenkt, doch begreiflich natürlich, ja sogar zu entschuldigen. Ich will den guten Willen unserer meisten Schriften nicht anklagen, aber wie dieselben wollen still und langsam regieren, wo die ganze Welt voll Bewegung und Erregung ist. Schließlich hat man viele deutsche Ehre entgleicht, die noch geklagt gelaucht und nicht gebrandschatzt werden. Und man soll sich wundern, daß so [illegible] mit welchen Herrlichkeiten sich fortschreiten lassen?

Der erste Theil der Niebuhrianer ist vor wenigen Tagen hier angekommen und bewegt die Herzen und Zungen der Menschen auf die allerverschiedenste Weise. So freundlich der Mann auch war, so war er doch nicht in die Welt gekommen den Frieden zu bringen: nein! das Schwert, an die Menge will kleinen großen Menschen halten. Mir, dem der [illegible] im Leben meistens hold und zugethan war, ist dieses Bild seines Lebens und auch der Zeitgeschichte erst recht während, ja doppelt gewichen. Es war überhaupt viel Drangend in dem Manne und vom Gefühl des Dranges seines Lebens waren es sehr oft zu kindlichen und zu gespornten Träumen, und darin war er allerdings ein mächtiger Poet, obgleich er sich darin wohl getäuscht hat, er sey durch Erziehung und willkürlich und zufällige Umgebungen und kindischen Wahn früheren Lebens eine ursprünglich poetische Natur in eine kritische verfliessende verwandelt, er habe an Licht sagen können und sey vielleicht nur ein Spiegelein reflector geworden. Ich werde der Lebensgangs Klagen und Selbstanklagen des edlen Mannes – denn das war er – hier nur wunderlich traurig: denn Unglück darum ist [illegible] die ganze traurige Fabel jedes sterbenden großen Geistes und Lebens hin und in sterbenden Menschen. Amen!

Und Sie klagen so sehr, liebe Caroline, daß Sie nicht mit zu dem Schwimmfahren fahren sollen, Sträuße von prangenden Rosen, und meinen, als wenn es nur wohl kaum eine Erholung mehr geben könne, unsre herrliche

Ströme und Berge und alles, was Gott am Rhein so wunderschön gemacht hat, einmal recht in Muße zu sehen und zu bewundern? Freilich, wenn Sie so wie ihr [sic!] Betrauter hätten vorüberfliegen wollen, was hätte es uns, was hätte es Ihnen geholfen? Seyn Sie nun einmal gescheidt und machen sich, ehe wir zu alt werden oder gar heimscheiden, wenn der berühmte Arzt sich nicht losreißen kann, mit Ihrem Töchterchen allein auf den Weg zu uns und nehmen Sie dann auf einige Wochen bei Ihrem unterschriebenen Verehrer freundlich das Absteigequartier, machen Sie unsern Garten zum Mittelpunkt, von wo aus Sie die fröhlichen Ausflüge in die herrliche Nachbarschaft machen können. O glauben Sie nur recht fest, Ihre Liebe hat bei uns Wurzeln geschlagen – was sage ich? sogar natürlichste, nicht bloß figürliche Wurzeln: Ihre Gravensteiner ragen als gewaltige Riesen über die Bäume meines Gartens und tragen schon treffliche . . (unleserliches Wort) Äpfel.

Sie winken auf mein Alter hin, ja ich bin schon ein alter knurriger Stumpen, deßen grüne Zweige und Blätter schwere Wetter vom Herrn abgeschlagen haben. Ich setze Ihnen hier ein paar Reime her, die ich in der Betrachtung und Selbstbelehrung meines Geschicks gemacht habe, ein paar aus einem größeren Ganzen:

1. Bald klingt es *Frieden:* nach gewalt'gen Dingen
Ist's allen Herzen wieder stiller worden,
Man läßt zum Rhein zurück die Trommeln klingen,
Man läßt die Fahnen wieder weh'n zum Norden,
Und jeder suchet froh das liebe Seine,
Ich suche fürder Meines mir am Rheine.

2. Da träumt' ich Ruh dem kurzen Rest der Tage,
Ach! Traum ist Menschenwünschen, Menschenmeinen:
Der droben alles wägt mit höchster Waage,
Vor dem erlischt der Schein von Erdenscheinen,
Er dräute Wetter meinem stillen Sitze
Und schoß durch meinen Himmel manche Blitze.

3. Und endlich ließ er mir von jenen Streichen
Aus hellen Wolken einen niederschmettern,
Von jenen, welche Wang' und Locke bleichen

3. Das Leben flugs entblüthen und entblättern
Er schoß auf meinen schönsten schnellsten Knaben,
Ihn hat der Rhein genommen und begraben.

4. Gerecht ist Gott und gut allein und weise,
Er mißet jedem zu mit rechtem Maaße;
Wer nur die Blumen sucht der Pilgerreise,
Den treibt er fort zur bösen Dornenstraße:
Verirren wollt' ich mich auf Blumenwegen,
Da trat mit Schrecken mir der Herr entgegen.

5. Gerecht ist Gott und gut allein und weise –
O Mensch, bekenn es unter bittern Thränen! –
Er rollt Geheimniß durch des Lebens Kreyse,
Auf daß du lernest nach dem Licht Dich sehnen,
Auf daß die liebe Noth Dich lehre beten,
Vom Erdenweg in Himmelswege treten.

Ja, geliebte Freundin, ich bin seit dem zweiten Weihnachtstage 68 Jahre alt geworden und trage auf meinem grauen Haupte und in meinem auch schon blaßen Herzen die Erinnerung schwerer Leiden und Freuden – ach! auch diese werden dem Sterblichen oft zu schwer – aber das Weh, das mich vor viertehalb Jahren traf, war fast zu schwer. Es war mein goldenster Sohn, der schönste geistreichste stärkste, nach menschlichem Ermeßen der hoffnungsreichste. Ich habe noch 4 Söhne im Erwachsen, wovon zwei ums Jahr wahrscheinlich schon Studenten sind, der zweite von diesen ein vorzüglicher Mensch, vielleicht auch der dritte, der noch in harter Knospe verwachsen sitzt; das letzte Kind ein liebenswürdiges Töchterchen, 10 Jahre alt. – Und nun Ade! Behüte Sie Gott und durchleuchte Sie mit seinen fröhlichen Lichtfunken. Grüßen Sie herzlich die Ihrigen, Burchardis [,] Pfaffs, die Hensler. Laßen Sie bald mal wieder ein liebes Wort erklingen, meinthalben auch Politisches: Frauen haben ja keine Inquisition zu fürchten.

Ihr gez. E M Arndt.

Heinrich hat seit einem Jahr Brustwassersucht. . . –
Von Brandissens aus Athen gute Nachrichten.

Strömen und Berge sind alles, was Gott am Rhein so wundervoll gemacht hat, einmal recht in Muße zu sehen und zu bewundern! Freilich, wenn Sie so wie ihr berühmter [illegible] vorüberfliegen wollen, was hatte es und was hätte es Ihnen geholfen? Sagen Sie nur einmal gescheidt und machen Sie sich, eh Sie nicht zu alt werden oder gar heirathen, wenn der [illegible] Arzt sich nicht [illegible] lasse, mit Ihren Töchterchen allein auf den Weg zu uns und nehmen Sie dann auf einige Wochen bei Ihrem [illegible] Bruder freundlich das Absteigequartier genommen, machen Sie in unserm [illegible] Mittelpunkt, wo [illegible] die fröhlichen Ausflüge in die herrliche Nachbarschaft machen können. O glauben Sie mir recht fest, Ihre Liebe hat bei uns Wurzeln geschlagen – was sage ich! lange natürliche, nicht bloß figürliche Wurzeln: Ihre Geranienstämme prangen als gewaltige Bäume über die Bäume meines Gartens und tragen Ihre herrlichen [illegible] Dolden.

Sie werden auch mein Album [illegible], wo ich die Ihre wie alter [illegible] Stunden, dessen ganze Zweige und Blätter Ihrer Mutter [illegible] abgeschlagen haben. Ich hätte Ihnen hier ein ganz kleines Lied, die ich in der Betrachtung und Selbstbeobachtung meines Geschickes gemacht habe, ein paar auch meines goldenen Herzens:

1. Bald klingt es Freuden: nach gewaltgen Dingen
Ist es allen Herzen wieder stiller worden,
Man läßt hier Rhein zurück die Vögel fliegen,
Man läßt den [illegible] wieder [illegible] zum Norden,
Und jeder sucht sich das liebe Heim,
Ich suche lieber Manches nur am Rhein.
2. Da träumt ich auf dem [illegible] Heft des Tages,
Ach! Träume ich [illegible]:
Der [illegible] alles [illegible] mit [illegible]
Wer denn erlischt das [illegible] von Erdenscheinen,
Er drückt [illegible] unseren stillen Sitz
Und schaut durch meinen [illegible] Himmel manche Blitz.
3. Und endlich ließ er mir [illegible]
Statt hellen [illegible] einen [illegible],
Von grünen, welche [illegible] und volle Blüthen

3. Das Leben flog entblühen und entblättern
Es steht auf meinen spätsten [illegible]
Ihr hat der Rhein genommen und begraben
4. Gewiß ist Gott und gut allein und weise,
Er mischt jedem zu mit weisem Maaß,
Wer nur die Blumen sucht der Pilgerreise
Den treibt er fort zur bessern [illegible] Straße:
Verzieren wollt ich mich auf Blumenauen,
Da trat mit Schrecken mir das Herz entgegen.
5. Gewiß ist Gott und gut allein und weise –
Ach wenn [illegible] es mehr bittern Thränen!
Er wollt Geheimniß durch des Lebens Reise,
Auf daß die [illegible] auf dem nicht [illegible],
Auf daß die liebe [illegible] dich [illegible],
Vom Erdenweg in Himmelswegen [illegible]!

Ja, geliebte Freundin, ich bin seit dem zweiten Weihnachtstage 68 Jahre alt geworden und trage auf meinem grauen Haupte und in meinem [illegible] Herzen die Erinnerung schwerer Leiden und Freuden – ach! auch diese werden [illegible] Sterblichen zutheil zu schwer – aber das Recht, das mich vor [illegible] Jahren traf, war fast zu schwer. Es war mein goldenster Sohn, der [illegible] nach menschlichem Ermessen der hoffnungsvollste. Ich habe noch 4 Söhne im [illegible], wovon zwei [illegible] wahrscheinlich [illegible] der jüngste [illegible] ein [illegible] Mensch; vielleicht auch der dritte, der sich in [illegible] ein lieber [illegible] Töchterchen, 10 Jahre alt. – Und nun Adé! Behüte Sie Gott

Bettina von Arnim, geb. Brentano
(1785 – 1859)
Pastell von Carl Johann Arnold 1859 (Ausschnitt). FDH

Ach wär mein Kind, mein liebes einz'ges Kind,
Ein klein geschwind Waldvogelein,
Es sänge froh im lustgen Morgenwind
Und lies sein ew'ges ew'ges Schrein!

Und flöge es mir auch davon,
So flög es doch nicht in die Sonn;
Es flög zum Nachbar auf den Ast,
Und wär des Kirschbaums willkomner Gast,
Die ganze Welt wär sein, – allein
Nun muß es nach den Kirschen schrein.

Ich denke meiner Jugend Pein
Und mein es wird nicht klüger seyn,
Es wird ihm auch nicht besser gehn,
Was es nur sieht das will es haben,
Wie schön die Kirschen herüber sehn,
Wie würden uns die Kirschen laben.

Ach wär mein Kind, mein liebes einz'ges Kind
Ein klein geschwind Waldvögelein,
Es brächte mir im lustgen Morgenwind
Ein Kirschlein klein im Schnäblein sein.

Liebe Mathilde Wagner!

Ich habe Sie lange auf die wenigen Zeilen der Erwiederung warten lassen und weiß doch daß Kinder ungeduldig sind, aber gerade darum durfte ich Sie auf die Probe setzen ob Sie auch kein unartiges Kind sind, das, eigensinnig, weil es solange warten mußte nun mit den Füssen strampelt und nicht mehr mag was es eben noch so herzlich begehrte. Ich gebe Ihnen daher obiges Liedchen was Achim Arnim auf sein liebstes eigensinniges

Bettina von Arnim geb. Brentano im 70. Lebensjahr
an Mathilde Wagner

Schlummre mein Kind, mein liebes einziges Kind,
[illegible]
[illegible] Morgenwind
[illegible]!
[illegible],
[illegible];
[illegible],
[illegible] willkommener Gast,
[illegible] — Allein
[illegible]

[illegible]
Und mein [illegible] nicht länger [illegible]
[illegible],
[illegible],
[illegible],
[illegible].

Schlummre mein Kind, mein liebes einziges Kind
[illegible],
[illegible] Morgenwind
[illegible] klein [illegible].

[illegible]!

[illegible]

Kindchen machte, was den ganzen Tag schrie und sich durch nichts beschwichtigen ließ, was aber freilich auch viel jünger war wie Sie, ich musste es Tag und Nacht im Arm halten und schaukeln, wo es dann endlich einschlief, aber wollte ichs in seine Wiege legen so fings von neuen zu schreien an. Kurz ich musste ihm den Willen thun und musste es die ganze Nacht im Arm behalten. Sie sind nun nicht mehr so klein um auf solche Nachsicht zu bauen, wollten Sie eigensinnig auf ihrem Willen beharren, so würde ich sagen: Jetzt Basta, mehr wird nicht gereicht von

Ihrer Freundin
gez. Bettine Arnim.

Berlin 3ten September.
1854.

Andachten machten, weil den ganzen Tag daheim und sich dann gleich nicht

beschwichtigen ließ, weil aber freilich einige viel jünger waren

Sie, ich müßte es Tag und Nacht im Arm halten und

schaukeln, wo es dann endlich einschlief, aber wollte nicht in

seine Wiege legen sofort von neuem zu schreien.

Tag ich müßte ihm den Willen thun und mußte es als

junges Mensch im Arm behalten. Sie sind nun auch

mehr so klein nun auch solche Vorschrift zu bewirken, wollten

Sie eigensinnig auf ihrem Willen bestehen, so würde

ich freilich Gott bitte, mehr weiß nicht gewiß von

Ihre Freundin

Berlin 3ten September
1854.

Bettine Arnim.

Karl Ernst von Baer
(1792 – 1876)
Lithografie von A. Münster, nach einer Fotografie von Randel

Dorpat d. 6ten – 18ten Mai 1875

Geehrter Herr Doctor!
Sehr verehrter Freund!

Wie Sie sehen, lebe ich noch immer, obgleich nicht in sehr brillantem Zustande. Ein Paar Staare haben sich in meinen Augen eingenistet und haben mir das Tageslicht zwar noch nicht vollständig geraubt, aber doch sehr verdunkelt. Deshalb hört auch die literärische Welt selten von mir; doch versuche ich noch, einige Erörterungen über die große Lehre der Neuzeit, die man mit dem Namen „Darwinismus“ belegt, herauszugeben, obgleich ich wohl weiß, daß ich auf dem fortreißenden Strome, dem Sie

Karl Ernst von Baer im 84. Lebensjahr
an einen Freund

Dorpat d. 6ten/18ten Mai
1875.

Geehrter Herr Doctor!
Sehr verehrter Freund!

Wie Sie sehen, lebe ich noch immer, obgleich nicht in sehr brillantem Zustande. Ein Paar Staare haben sich in meinen Augen eingenistet und haben mir das Tageslicht zwar noch nicht vollständig geraubt, aber doch sehr verdunkelt. Deshalb hört auch die literärische Welt selten von mir. Doch versuche ich noch, einige Erörterungen über die große Lehre der Neuzeit, die man mit dem Namen „Darwinismus" belegt, herauszugeben, obgleich ich wohl weiß, daß ich auf den fortreißenden Strom, den Sie sich ja auch mit „Hand und Fuß“ entgegengesetzt haben, wenig wirken werde. Auch hoffe ich bald die Sache zu beendigen, da man hier lange nicht alles Einflußreiche zur rechten Zeit kennen lernen kann. Zu den Aufsätzen, von deren Existenz ich Kenntniß erhalten habe, ohne sie zur rechten Zeit zu bestellen, gehört der Aufsatz von Prof. „Vogt Nr. 34. des Jahres 74. der Frankfurter Ztg.“ Wenn Sie aus alter Freundschaft diesen Aufsatz mir verschaffen könnten, würden Sie mich sehr erfreuen. – Ich bin jetzt im vier u achtzigsten (84)sten Jahre und daher schwer beweglich, sonst käme ich auch wohl noch einmal nach Frankfurt und sähe mir Stadt und Menschen an; ich würde dann auch wohl Strassburg sehen, allein ich

sich ja auch mit „Hand und
Fuß" entgegengesetzt haben, we-
nig wirken wird. Auch hoffe ich
bald die Sache zu beendigen, da
man hier lange nicht alles Einschlä-
gige zur rechten Zeit kann bekom-
men. Zu den Aufsätzen, von deren
Existenz ich Kenntniß erhalten
habe, ohne sie zur rechten Zeit
zu bestellen, gehört der Aufsatz
von Prof. „Vogt No 34 des Jahres 74. der Frankfurtr.
Ztg." Wenn Sie aus alter Freund-
schaft diesen Aufsatz mir verschaf-
fen könnten, würden Sie mich sehr
erfreuen. — Ich bin jetzt im
vier u. achtzigsten (84). ten Jahre und
daher schwer beweglich, sonst käme
ich auch wohl noch einmal nach
Frankfurt und sähe mir Stadt und
Menschen an; ich würde dann auch
wohl Strasburg sehen, allein ich

bin doch zu gebrechlich.
Ungeachtet meines Alters
bleibe ich doch Ihr warmer
Verehrer

gez. Dr. K E v Baer

P.S. Vielleicht können sie mich wissen lassen, wer der Verfasser der Beit[r]agen zur N 105 u 106 der Allgemeinen Zeitung 1875 sein mag, der die Darwinisten mit scharfer Lauge übergießt.

bin doch zu gebrechlich.
Ungeachtet meines Alters
bleibe ich doch Ihr warmer
Verehrer,

Dr. K. E. v. Baer

P. S. Vielleicht können Sie mich wissen
lassen, wer der Verfasser der Beilagen
zur N 105 u. 106 der Allgemeinen Zei-
tung 1875 sein mag, der die Dar-
winisten mit scharfer Lauge übergießt.

Johann Friedrich Blumenbach
(1752 – 1840)

Göttingen den 28st Oct. 1837.

Mit herzlicher Theilnahme beehre ich mich mein theurer treuer Freund Ihnen namens und im Auftrage der hiesigen Königlichen Societät der Wißenschaften ergebenst anzuzeigen daß Sie von derselben einstimmig zu ihrem correspondierenden Mitgliede erwählt und beigehendes Diplom darüber ausgefertigt worden.
Mit Herz und Mund beharre ich unwandelbar

Ihr alter 85jähriger treustergebener

gez. Joh. Friedr. Blumenbach.

Johann Friedrich Blumenbach im 86. Lebensjahr
an einen Freund

Göttingen d. 28t Oct. 1837.

Mit herzlichem Theilnehmen beehre ich mich meinen theuren Cousin freund Herrn Naumann und im Auftrage der hiesigen Königlichen Societät der Wissenschaften ergebenst anzuzeigen daß Sie von derselben einstimmig zu ihrem correspondirenden Mitglied erwählt und beigehendes Diplom darüber ausgefertigt worden.

Mit Herz und Mund bleibe ich unwandelbar

Ihr alter 85jähriger treu ergebener

Joh. Friedr. Blumenbach.

Max Born
(1882 – 1970)
STDW

Bad Pyrmont, 5.4.55.
Marcardstr. 4.

Lieber Franck,

Eben lese ich in dem Rundschreiben Nr. 4/1955, das mir – und wahrscheinlich auch Dir – von der Göttinger Universität geschickt wird, daß Du die Rumford-Medaille der Amerikanischen Akademie bekommen hast. Hedi und ich senden Dir unsere herzlichsten Glückwünsche. Es ist schön, daß Deine großen Arbeiten über Photosynthese Anerkennung finden. Ich habe den Eindruck gewonnen, besonders in Berlin, wo ich neulich war, daß Warburg's Stern sinkt und Deiner steigt.

Von uns ist zu erzählen, daß nach Weihnachten die Nachwirkungen aller Aufregungen dieses Jahres (Verlassen unseres Edinburgher Hauses, Übersiedelung nach Deutschland, Bau unseres neuen Hauses, Einzug, Oxforder Doctor, Nobelpreis und Reise nach Stockholm)

Max Born im 73. Lebensjahr
an James Franck in Chicago

Bad Pyrmont, 5. 4. 55.
Marcardstr. 4.

Lieber Franck,

Eben lese ich in dem Rundschreiben Nr 4/1955, das mir – und wahrscheinlich auch Dir – von der Göttinger Universität geschickt wird, daß Du die Rumford-Medaille der Amerikanischen Akademie bekommen hast. Hedi und ich senden Dir unsere herzlichsten Glückwünsche. Es ist schön, daß Deine großen Arbeiten über Photosynthese Anerkennung finden. Ich habe den Eindruck gewonnen, besonders in Berlin, wo ich neulich war, daß Warburg's Stern sinkt und Deiner steigt.

Von uns ist zu erzählen, daß nach Weihnachten die Nachwirkungen aller Aufregungen dieses Jahres (Verlassen unseres Edinburgher Hauses, Übersiedelung nach Deutschland, Bau unseres neuen Hauses, Einzug, Oxforder Doctor, Nobelpreis und Reise nach Stockholm) bei Hedi einen Zusammenbruch verursachten. Sie musste 4 Wochen nach Neu-Mariahilf in Göttingen. Ich besuchte sie dort 10 Tage und wohnte in dem netten Hotel Sonne, wo Du und Herta vor 2 Jahren gewohnt habt. Auch nahm ich an der Gauss-Feier teil, sah viele alte Freunde, darunter Courant, und hörte dessen ausgezeichnete Gauss-Rede. Sein Sohn Hans mit Frau waren auch da und gefielen mir sehr gut. Gertrud habe ich nur flüchtig gesehen, sie wohnte nicht in unserm Hotel. – Jetzt ist Hedi zu Hause und auf dem Wege der Erholung. Wir fahren nächste Woche auf 4 Wochen nach Meran. – Inzwischen war ich auch in Frankfurt und Berlin, meinen früheren Universitäten, wo ich zu Vorträgen eingeladen war und nicht gut absagen konnte. Berlin ist ein absolut verrückter Ort: diese idiotische Grenze mitten durch die Stadt. Allerdings ist der Verkehr herüber und hinüber jetzt ziemlich frei. Der Westen sieht blühend, sauber, regsam aus, der

2

bei Hedi einen Zusammenbruch verursachten. Sie musste 4 Wochen nach Neu-Mariahilf in Göttingen. Ich besuchte sie dort 10 Tage und wohnte in dem netten Hotel Sonne, wo Du und Herta vor 2 Jahren gewohnt habt. Auch nahm ich an der Gauss-Feier teil, sah viele alte Freunde, darunter Courant, und hörte dessen ausgezeichnete Gauss-Rede. Sein Sohn Hans mit Frau waren auch da und gefielen mir sehr gut. Gertrud habe ich nur flüchtig gesehen, sie wohnte nicht in unserm Hotel. – Jetzt ist Hedi zu Hause und auf dem Wege der Erholung. Wir fahren nächste Woche auf 4 Wochen nach Meran. – Inzwischen war ich auch in Frankfurt und Berlin, meinen früheren Universitäten, wo ich zu Vorträgen eingeladen war und nicht gut absagen konnte. Berlin ist ein absolut verrückter Ort: diese idiotische Grenze mitten durch die Stadt. Allerdings ist der Verkehr herüber und hinüber jetzt ziemlich frei. Der Westen sieht blühend, sauber, regsam aus, der

Osten düster, ärmlich, bedrückend. – Es handelte sich um zwei kombinierte Einsteinfeiern der beiden Phys. Gesellschaften: Im Westen sprach ich, in der Techn. Univ. unter v. Laue als Vorsitzendem, über „Einstein und das Lichtquant". Im Osten sprach mein früherer Mitarbeiter Infeld aus Polen über „Relativität", wobei Gustav Hertz den Vorsitz führte. Er ist gänzlich unverändert, seine Frau mehr gealtert als er. Beide lassen Dich herzlich grüßen. Durch sonderbaren Zufall trafen wir uns bei der Hinreise auf der Autobahn nahe von Berlin. (Ich saß in einem riesigen Russischen Auto mit dem Sekretär der Ost-d. Phys. Ges., der mich in Pyrmont abgeholt hatte – die Ostleute lieben solche großartigen Gesten). So hatte ich Gelegenheit mit Hertz neben der Strasse auf- und ab zu gehen und ein paar vertrauliche Worte zu wechseln. Er sagte sofort: „Was ich öffentlich sage, hat nichts zu tun mit dem, was ich denke. Z.B. ich sage, daß ich nicht nach dem Westen gehen mag, weil ich die Zustände

3

Osten düster, ärmlich, bedrückend. – Es handelt sich um zwei kombinierte Einsteinfeiern der beiden Phys. Gesellschaften: Im Westen sprach ich, in der Techn. Univ. unter v. Laue als Vorsitzendem, über "Einstein und das Lichtquant." Im Osten sprach mein früherer Mitarbeiter Infeld aus Polen über "Relativität," wobei Gustav Hertz den Vorsitz führte. Er ist gänzlich unverändert, seine Frau mehr gealtert als er. Beide lassen Dich herzlich grüßen. Durch wunderbaren Zufall trafen wir uns bei der Hinreise auf der Autobahn nahe von Berlin. (Ich saß in einem riesigen Russischen Auto mit dem Sekretär der Ost-d. Phys. Ges., der mich in Pyrmont abgeholt hatte – die Ostleute lieben solche großartigen Gesten). So hatte ich Gelegenheit mit Hertz neben der Strasse auf- und abzugehen und ein paar vertrauliche Worte zu wechseln. Er sagte sofort: "Was ich öffentlich sage, hat nichts zu tun mit dem, was ich denke. Z. B. ich sage, daß ich nicht nach dem Westen gehen mag, weil ich die Zustände dort verabscheue. In Wahrheit gehe ich nicht, weil ich dadurch mich in Verdacht bringen und die Rückkehr vieler, noch in Russland zurückgehaltener Physiker gefährden würde." – Bei beiden Sitzungen kam die andre Seite zu Besuch. Es waren viele Russen (Fock, Alexandrow u.a.), Polen (Loria u.a.), Rumänen etc. da, meist Schüler von mir, und es herrschte ein freundlicher Ton, besonders in den Nachsitzungen. In Berlin hörte ich von dem plötzlichen Tode von Richard Becker, was mich sehr erschütterte. So machte ich auf dem Rückweg in Göttingen halt und nahm an dem Begräbnis teil. Dann hatte ich auch lange Besprechungen mit Otto Hahn. An diesen habe ich mich sehr angeschlossen. Er ist ein so liebenswürdiger, bezaubernder Mensch, und wir stimmen so gut zusammen, besonders in politischen Dingen, die ja heute die Physik leider angehen - timeo Americanos et dona ferentes. – Es war anstrengend, aber interessant. Ich wohnte in Berlin bei v. Laues. . . .

dort verabscheue. In Wahrheit gehe ich nicht, weil ich dadurch mich in Verdacht bringen und die Rückkehr vieler, noch in Russland zurückgehaltener Physiker gefährden würde". – Bei beiden Sitzungen kam die andere Seite zu Besuch. Es waren viele Russen (Fock, Alexandrow u.a.), Polen (Loria u.a.), Rumänen etc. da, meist Schüler von mir, und es herrschte ein freundlicher Ton, besonders in den Nachsitzungen. In Berlin hörte ich von dem plötzlichen Tode von Richard Becker, was mich sehr erschütterte. So machte ich auf dem Rückweg in Göttingen halt und nahm an dem Begräbnis teil. Dann hatte ich auch lange Besprechungen mit Otto Hahn. An diesen habe ich mich sehr angeschlossen. Er ist ein so liebenswürdiger, bezaubernder Mensch, und wir stimmen so gut zusammen, besonders in politischen Dingen, die ja heute die Physik leider angehen – timeo Americanos et dona ferentes. – Es war anstrengend, aber interessant. Ich wohnte in Berlin bei v. Laues.

. . . Im Institut (das alte Habersche, wo
Du warst) habe ich schöne Experimente gesehen, besonders über Röntgenoptik von Kristallen.

Hier sind die ersten Andeutungen des Frühlings, sehr verspätet. Wir sind sehr zufrieden mit der Ruhe dieses kleinen Städtchens. Ich habe genug zu tun. Unter anderm schreibe ich eine Arbeit mit meinem Assistenten (Neuseeländer, der in Göttingen wohnt und mich 1 bis 2 mal im Monat besucht) über „Klassische Statistische Dynamik". Ich habe mich überzeugt, daß die Behauptung, die klassische Mechanik sei deterministisch, physikalisch ebenso sinnlos ist, wie etwa in der Relativitätstheorie die absolute Gleichzeitigkeit. Man kann nun die Theorie auch statistisch entwickeln, und dann ergibt sich ein interessantes Resultat: Wenn I,w die von Bohr (1920–23) gebrauchten Wirkungs- und Winkelvariable sind, so ist

Im Institut (das alte Habersche, wo Du warst) habe ich schöne Experimente gesehen, besonders über Röntgenoptik von Kristallen.

Hier sind die ersten Andeutungen des Frühlings, sehr verspätet. Wir sind sehr zufrieden mit der Ruhe dieses kleinen Städtchens. Ich habe genug zu tun. Unter anderem schreibe ich eine Arbeit mit meinem Assistenten (Neuseeländer, der in Göttingen wohnt und mich 1 bis 2 mal im Monat besucht) über "Klassische Statistische Dynamik". Ich habe mich überzeugt, daß die Behauptung, die klassische Mechanik sei deterministisch, physikalisch ebenso sinnlos ist, wie etwa in der Relativitätstheorie die absolute Gleichzeitigkeit. Man kann nun die Theorie auch statistisch entwickeln, und dann ergibt sich ein interessantes Resultat: Wenn J, w die von Bohr (1920–23) gebrauchten Wirkungs- und Winkelvariable sind, so ist

$\overline{(\triangle I)^2} \cdot \overline{(\triangle w)^2}$ = const. (für eine initiale Gauss-Verteilung; sonst $\geqq$ const); es gilt also ein Unbestimmtheitssatz genau wie in der Quantenmechanik, nur daß dieses Product einen beliebigen, von der Anfangs-Genauigkeit abhängigen Wert hat, während in der Quantentheorie dieser Wert fixiert ist, $= (\frac{1}{2}\hbar)^2$. Mir scheint das recht amüsant zu sein.

Lass hören, wie es Euch geht, Frau, Kindern und Enkeln. Hedi und ich senden Euch allen die herzlichsten Grüße. In alter Freundschaft

Dein

gez. Max Born.

Ich wäre Dir sehr dankbar, wenn Du mir eine (oder lieber mehrere) Kopien des sog. „Franck-Reports" schicken könntest. Diese Sachen sind jetzt hier aktuell. Ich schicke Dir ein paar Drucksachen von mir.

$\overline{(\Delta q)^2} \cdot \overline{(\Delta p)^2} = \text{const.}$ (für eine initiale Gauss-Verteilung; sonst $\geq$ const); es gilt also ein Unbestimmtheits-satz genau wie in der Quantenmechanik, nur daß dieses Produkt einen beliebigen, von der Anfangs-Genauigkeit abhängigen Wert hat, während in der Quantentheorie dieser Wert fixiert ist, $= (\frac{1}{2}\hbar)^2$. Mir scheint das recht amüsant zu sein.

Lass hören, wie es Euch geht, Frau, Kindern und Enkeln. Hedi und ich senden Euch allen die herzlichsten Grüße. In alter Freundschaft

Dein

Max Born.

Ich wäre Dir sehr dankbar, wenn Du mir eine (oder lieber mehrere) Kopie des sog. "Franck-Reports" schicken könntest. Diese Sachen sind jetzt hier aktuell. Ich schicke Dir ein paar Drucksachen von mir.

Martin Buber
(1878 – 1965)
Fotografie aus 1957. SNM

Talbiyeh, Jerusalem, Jsrael
13.3.53.

Vielen Dank, lieber Hans Blueher, fuer Ihren freundlichen Glueckwunsch. Bei dieser Gelegenheit danke ich Ihnen auch fuer die Uebersendung Ihres Buches " Die Achse der Natur", das ich mit besonderem Interesse gelesen habe.

Des weiteren glaube ich Sie bei diesem Anlass, trotz all der seither verstrichenen Zeit, darauf aufmerksam machen zu sollen, dass Sie mit dem, was Sie auf S. 200 Ihres Buches " Die Erhebung Jsraels" von 1931 ueber mich veroeffentlichten, ein Unrecht an mir begangen haben. Der Satz Z. 13 ff., der 1933 bei einem Verhoer verwendet worden ist, ist, was mich betrifft, unwahr, wie sich unter anderem aus folgenden oeffentlichen Aeusserungen von mir ergibt:" Die juedische Bewegung" 2.FolgeS.114 ff.(1917), S.182 ff.(1918) und vornehmlich S. 190 ff.(Maerz 1919). Aus einer Reihe anderer Angaben seien die folgenden herausgegriffen: 1) S.103 Z. 7 f. falsches Zitat; der richtige Wortlaut ist:" Was am Christentum schoepferisch ist (kein " etwa"!), ist nicht Christentum, sondern Judentum " ("Reden ueber das Judentum", Gesamtausgabe von 1923, S,54). 2) S. 118 Z.26 - im Brieftext war "der" unterstrichen, das bedeutet: " derjenigen", was einen ganz andren Sinn gibt; wenn man schon Briefe zitiert, soll man es mit aeusserster Genauigkeit tun. 3) S.120 Z. 28 - nicht " sein", sondern " werden" - wieder etwas ganz anderes. 4) S. 131 Z.22 ff. - ungenau zitiertes Scherzwort. 5) S. 164 Z. 28 f. - trotz der Anfuehrungszeichen Z.29 habe ich eine solche Aeusserung nie getan, ich halte sie nicht einmal fuer"richtig". 6) S.199 Z.10f. - "aus chassidischer Familie" ist unzutreffend; dies nur nebenbei. 7) S.200 Z.6f. - das "Zitat" ist groeblich entstellt; ich hatte Jeremias gegenueber nichts von einem Ruhen meiner Seele geauessert, sondern den Satz eines apokryphen Evangelienfragments angefuehrt, in dem die goettliche Stimme in der Taufe zu Jesus spricht: in omnibus prophetis expectabam te ut venires et requiescerem in te. Dazu bemerkte ich:" So, als einen, in dem Gott seine Ruhe fand", moege jene Judenchristen, aus deren Kreisen der Text stammt, Jesus angesehen haben, aber Gottes Sohn ist er fuer sie nicht gewesen." Hierzu noch ein paar nicht auf mich bezuegliche Stellen, die irrig und irrefuehrend sind: 1) S.100 Z.19f. - die priesterliche und die pharisaeische Partei standen im aeussersten Gegensatz zu einander! 2) S.108 Z. 1 ff. - geschichtlich falsch; die angeblichen Briefe S.108 f. sind eine groteske Erfindung, deren

Witz u.a. darin zum Ausdruck kam, dass der Rabbiner " Chamor" d.i.Esel genannt wird; einen " Fuersten der Juden" hat es damals laengst nicht mehr gegeben (auf das, was Sie S. 110 dazu sagen, moechte ich lieber nicht eingehen). 3) S.111 Z.3 f und 136 Z.6 f. - wo steht dieses angebliche Zitat? 4) S.129 Z.7 ff. - so eine talmudische Legende gibt es gar-nicht, es handelt sich hier und im Folgenden um Meyrinksche Mystifikationen, denen Sie einen " ausserordentlichen Wert" beimessen. Und so fort.

Wohlgemerkt, ich trage persoenlich Ihnen nichts nach, das ist meine Art nicht; aber ich wuesste gern, wie Sie heute zu dem auf solchem Material aufgebauten Buch stehen, das Sie in kritischester Zeit in die deutsche Leserschaft geworfen haben. Es geht hier um die grosse und allgemein bedeutsame Frage, wie der Sprecher wirkender Worte zu der Verantwortung fuer die gesprochenen steht. Wenn seither etwas von Ihnen zu diesem Gegenstand publiziert worden ist, wuerde ich es gern lesen.

Herzlich gruessend

Martin Buber

Martin Buber im 76. Lebensjahr
an Hans Blüher

Jacob Burckhardt
(1818 – 1897)
Zeichnung aus 1888 von Theodor Bissegger
Porträtsammlung der Universitätsbibliothek Basel

Basel 17 October 1891.

Liebe Hanna

Herzlichen Dank für Deinen schönen und umständlichen Brief! Derselbe zeigt mir vor Allem daß Ihr in Euerm Aigle glücklich seid und dieses herrliche Spätjahr genießet so viel man nur kann, Jedes auf seine Weise, und Auguste als Jäger so wie er es hier zu Lande beim besten Willen nicht kann weil er nicht Tag für Tag seine Jagdgründe direct vor den Augen hat; nun wird er hoffentlich eine starke und gut befestigte Gesundheit für unsern hiesigen Winter mitbringen. Um Eure wundervolle Landschaft, um die Anblicke von Ferne und Nähe seid Ihr recht zu beneiden, und wenn ich noch für einen Aufenthalt wie den von Aigle zu brauchen wäre, so hätte ich gewiß schon voriges Jahr Eure liebe Einladung befolgt. Allein dießmal habe ich, wie Du weißt, nicht einmal nach ObernBaden einen Aufenthalt im Freien gemacht sondern bin gleich wieder in der Dalbenvorstadt untergestanden. Doch habe ich noch einige Abendexpeditionen gewagt, nach Haltingen, nach St. Jacob, nach Großhüningen u.s.w. und bin jetzt für die Nähe so dankbar als ich früher auf weiten Reisen ungenügsam war wenn ich nicht gar Alles sehen konnte.

Jacob Burckhardt im 74. Lebensjahr
an seine Schwester Hanna in Aigle

Basel 17 October 1891.

Lieber Jenner

Herzlichen Dank für deinen schönen und umständlichen Brief! derselbe zeigt mir vor Allem daß Ihr in Furna Auguste glücklich seid und dieses herrliche Spätjahr geniesset so viel man nur kann, Jeder nach seiner Weise, und Auguste als Jäger so wie er es hier zu Lande beim besten Willen nicht kann weil er nicht Tag für Tag seine Jagdgründe direct vor den Augen hat. Nun wird er hoffentlich eine starke und gut befestigte Gesundheit für unseren hiesigen Winter mitbringen. Um Eure wundervolle Landschaft, um die Ausblicke von von Ferne und Nähe seid Ihr recht zu beneiden, und wenn ich noch für einen Aufenthalt wie der von Auguste zu brauchen wäre, so hätte ich gewiß schon voriges Jahr Eure liebe Einladung befolgt. Allein dießmal habe ich, wie Du weißt, nicht einmal nach Oberbaden einen Aufenthalt im Freien gemacht sondern bin gleich wieder in die Arbeitsgeschäfte untergestanden. Doch habe ich noch einige Abendexpeditionen gemacht, nach Zeltingen, nach St. Jacob, nach Großhüningen u.s.w. und bin jetzt für die Nähe so dankbar als ich früher nach weiten Reisen ungenügsam war, wenn ich nicht gar Alles sehen konnte.

Von Euern Gästen haben mir Fritz Bischoff und der Oberst directe Nachricht von Euch gebracht. Es muß ja bei Euch gegangen sein wie in einem Taubenhaus und die etwas größere jetzige Stille und der Verkehr mit den Freunden von Aigle werden auch ihren Vorzug haben. Grüßt mir Enriques bestens, welche jetzt wohl in Aigle wird [werden] angelangt sein. Die Kleinen werden von diesem Aufenthalt die glänzendsten Erinnerungen mit nach Hause bringen.

Hier geht Alles seinen gewohnten Weg. Von den Söhnen Lendorff ist Carl wieder unwohl; Hans wird von seinen Studien in der Bretagne her direct erwartet; Paul, der seine Brust etwas schonen muß wegen eines Herzfehlers, geht in eine obere technische Anstalt in Stuttgart; und Ernst erbaut ganz Lausen. Neulich fuhr ich nach Lausen, traf aber den letzen Nachmittag, da eine allgemeine Großkinderauswahl in Ormalingen und Gelterkinden beisammen war. – In der Dalben freut mich Felix Stähelin, welcher ein sehr ernster, tüchtiger Mensch zu werden verspricht.

Übermorgen fangen meine Vorlesungen an der Universität an und gehen dann, wenn ich „Gesundheit und Leben“ behalte, an Einem Strich bis gegen Ende Merz, fünfmal in der Woche.

Von Euren Gästen haben mir
Fritz Bischoff und der Oberst [illegible]
Nachricht von Euch gebracht. Es muß
ja bei Euch zugegangen sein wie in einem
Taubenschlag und die etwas größere
jetzige Villa und das [illegible] mit den
Freunden von Aigle werden auch ihren
Vorzug haben. Heute ist mir Enrique's
Besuch, welcher jetzt wohl in Aigle wird
angelangt sein. Die Kleinen werden
von diesem Aufenthalt die glänzendsten
Erinnerungen mit nach Hause bringen.

Hier hat Alfred seinen [illegible] Tag.
Von den Söhnen Landorff ist Carl wieder
unwohl; Ferd. wird von seinen Studien
in der [illegible] sehr [illegible];
Paul, der seine Kraft etwas schonen muß
wegen einer [illegible], geht in eine obere
technische Anstalt in Stuttgart; es scheint
überhaupt ganz [illegible]. Neulich ließ ich
nach [illegible], darf aber den letzten Nachmittag
der einer allgemeinen Großkinder-Zusammenkunft
in [illegible] & [illegible]kindern beisammen
war. — In der [illegible] [illegible] mich Felix
[illegible], welcher ein sehr ernster, tüchtiger
Mensch zu werden verspricht.

Übermorgen beginnen meine Vorlesungen
an der Universität [illegible] ich sehe dann
wenn ich „Gesundheit & Leben" behalte,
[illegible] Zeit bis gegen Ende März,
[illegible] in der Stadt.

Ich trage jetzt meine Mappe nicht mehr selber, sondern habe einen Vertrag abgeschlossen mit der Dienstmänner-Anstalt in der Barfüsser Kirche; es wäre auch ohne den Unfall mit meinem Arm Zeit dazu gewesen, und ich fiel den Leuten doch auf als „der alte Mann mit dem Portefeuille". Mein besagter Arm übrigens behält einen Rest von Unbequemlichkeit, obgleich er nicht im Mindesten steif geworden ist, und das wird nicht mehr anders werden bis an mein Ende.

Als ich soweit geschrieben hatte und auf die Lesegesellschaft gegangen war, fand ich bei der Rückkehr das Kistlein mit den königlichen Aigler Trauben vor, für welches ich Euch herzlich Dank sage. Das ist doch etwas Anderes als was dieß Jahr zB: in Grenzach gewachsen ist. Ich will mir dieselben jetzt allmälig auf das Beste schmecken lassen und ja nicht liberal gegen Andere damit sein, sondern Alles selber verzehren.

So eben war ich zum Caffe bei Herrn Burckhardt-Heusler und sah dort Max Alioth, der sich wieder bedeutend besser befindet, doch aber anfängt, ein altes Männlein zu werden. Dießmal hat ihm Dr. Emil Burckhardt-Debary herausgeholfen indem er den Sitz der Krankheit richtig erkannte.

Ich trage jetzt meine Wäsche nicht mehr selber, sondern habe einen Vertrag abgeschlossen mit der Dienstmänner=anstalt in der Barfüsser-Kirche; es wäre auch ohne den Unfall mit meinem Bein Zeit dazu gewesen, und ich fiel den Leuten doch auf als „die alte Mama mit dem Postwägelli". Mein beschädigtes Bein übrigens behält seinen Rest von Unbequemlichkeit, obgleich es nicht im Mindesten steif geworden ist, und das wird nicht mehr anders werden bis an mein Ende.

Als ich soweit geschrieben hatte und nach der Lesegesellschaft gegangen war, fand ich bei der Rückkehr drei Kistlein mit den köstlichen blauen Trauben vor, für welche ich Dir herzlich Dank sage; denn es ist doch etwas anderes als wenn diese Sache z. B.: in Empfang genommen ist. Ich will mir dieselben jetzt allmählig auf das Beste schmecken lassen und gar nicht liberal gegen Andere damit sein, sondern Alles selber verzehren.

So eben war ich zum Caffe bei Frau Burckhardt-Hunziker und sah dort Max Alioth, der sich wieder bedeutend besser befindet, doch aber anfängt, ein altes Männlein zu werden. Diesmal hat ihm Dr. Emil Burckhardt-Doberer herausgeholfen indem er den Sitz der Krankheit richtig erkannte.

Wenn nun schon dieser Herbst der schönste und längste seit vielen Jahren gewesen ist, so muß er doch einmal ein Ende nehmen, und heute, da es fast beständig regnet, läßt es sich schon dazu an. – Ihr habt freilich recht, wenn Ihr noch die letzten Chancen des schönen Wetters in Aigle ausbeutet, ich freue mich aber doch sehr auf Eure Heimkehr. Dann kann der Winter anfangen. – Morgen haben wir Abstimmung über Zolltarif und Bundesbank, und ich denke, Auguste wird es vielleicht nicht einmal für nöthig halten zur Urne zu gehen, ich dagegen gehe, und zwar um wenigstens ein doppeltes Nein gegen jede Erhöhung der Bundesgewalt abzugeben, da sie in so geringen Händen ist.

Und nun lasse ich Groß und Klein herzlich grüßen, Elisabeth, Rosalie, Clara, Enrique und die kleinen Wildfänge Auguste, Adèle und den Robertli. An Vater Auguste nochmals schönsten Dank für die Trauben!

Euer getreuer

gez. Jacob.

Wenn nun schon dieser Herbst der schönste und längste seit vielen Jahren gewesen ist, so macht er doch einmal ein Ende nehmen, ich denke, da es fast beständig regnet, läßt es sich schon dazu an. – Ihr habt freilich recht, wenn Ihr noch die letzten Sonnen des schönen Herbstes in Liestal ausbeutet, ich dagegen muß aber doch schon auf Zwanzigmittag[illegible] . dann kann der Winter anfangen. – Morgen haben wir Abstimmung über Zollbereich & Bundes=bank, und ich denke, Auguste wird es vielleicht nicht einmal für nöthig halten zur Urne zu gehen, ich dagegen gehe, und werfe ein zweimal mein doppeltes Nein gegen jede Erhöhung der Bundesgewalt abzugeben, der hier an so geringen Fäden ist.

Und nun lasse ich Groß & Klein herzlich grüßen, Elisabeth, Röserlin, Clara, Enrique und die kleinen Spielfänger Auguste, Adèle und den Robertli. Im Herbst Auguste nochmals schönsten Dank für die Trauben!

Euer getreuer

Jacob.

Carl Gustav Carus
(1789 – 1869)
Gemälde von Julius Hübner 1844, lith. von C. Koch (Ausschnitt). FDH

Euer Wohlgeboren

Wünschen im Betreff
der von Ihnen redigierten Zeitschrift
würde ich bereits früher wohl
erwiedert haben hätte ich nicht
die Probeblätter deren Sie
gedenken vermißt, so daß
es, bei diesem Mangel, un-
möglich blieb von Einrichtung
und Ton dieses Unternehmens
ein lebendiges Bild zu
erhalten. Hätten Sie daher
die Güte jene Lücke zu ergänzen
so werde ich gern überlegen
ob unter mancherlei Papieren
wie die Jahre sie anhäufen
sich etwas findet dem ich dort
eine Stelle anweisen dürfte.

Hochachtungsvoll
ergebenst
gez. Carus

Dresden d. 11/12 57.

Carl Gustav Carus im 69. Lebensjahr
an einen Redakteur

Ew. Wohlgeboren

Ihr Ansuchen um Beiträge der von Ihnen redigirten Zeitschrift würde ich bereits früher erwiedert haben hätte ich nicht die Probeblätter [illegible] gedruckt vermißt, so daß es bei diesem Mangel unmöglich blieb von Einrichtung und Ton dieses Unternehmens ein lebendiges Bild zu erhalten. Hätten Sie daher die Güte jene Lücke zu ergänzen so werde ich gern überlegen ob unter mancherlei Papieren wie die Jahre sie anhäufen sich etwas findet dem ich dort seine Stelle anweisen dürfte.

Hochachtungsvoll ergebenst

[illegible]

Berlin d. 11/12. 57.

Albert Einstein
(1879 – 1955)
Fotografie um 1952 (Ausschnitt). BPK

den 28.Mai 1954

Sehr geehrter Herr:

Beim Lesen Ihres Manuscripts fällt mir die Intensität Ihres Denkens auf. Es ist wirklich schade, dass Sie nicht die Gelegenheit gehabt haben, Ihr Denken an den exakten Wissenschaftlern zu üben. Die Wortsprache ist unscharf in Ihren Begriffen und daher umso trügerischer, wenn sie von einem phantasiebegabten Menschen gehandhabt wird. Sie sprechen von Materie, von Energie etc., wie wenn jeder von sich aus wüsste, was das ist. Studieren Sie elementare Lehrbücher der Mathematik, Physik etc., wie sie an den Schulen benützt werden, nämlich kurze Darstellungen, die aber doch das Wesentliche vermitteln. Dann werden Sie jene Kritik und Sauberkeit der Begriffe erreichen, deren Sie bedürfen. Sie werden es anfänglich hart finden, aber bald Freude daran haben.

Freundlich grüsst Sie

Ihr

Albert Einstein.

Albert Einstein im 76. Lebensjahr
an einen Herrn in Westdeutschland

Princeton 11.III.55.

Lieber Herr Plesch!

Es ist rührend, daß Sie mich schon wieder mit einer Dose voll Plesch-scher Tabakmischung beschenkt haben. Die früheren sind aber längst nicht zu Ende, dank der von den himmlischen Mächten über mich verfügten Selbstbeschränkung. Ich danke Ihnen auch sehr für Ihre ausführlichen und klaren Ausführungen über den Schnauf-Apparat. Ich hatte offen gestanden ein wenig Angst, dass Sie mir meine schulmeisterhaften Bemerkungen darüber übelgenommen haben könnten. Da ich mir meiner völligen Unwissenheit in physiologischen und medizinischen Dingen bewusst bin, will ich lieber nichts mehr darüber sagen.

Es regnet unheimliche Briefe und Manuskripte, und die Leistungsfähigkeit und geistige Beweglichkeit nimmt ab. Deshalb schreibe ich nur kurz. Die Anämie ist übrigens behoben, d.h. keine Ausrede mehr. Ich wünsche Ihnen schöne Zeit und erquickende Sonne.

Ihr

gez. A.E.

Albert Einstein im 76. Lebensjahr
– etwa 5 Wochen vor seinem Tode –
an den Internisten Janosch Plesch

Princeton 11. III. 55.

Lieber Herr Plesch!

Es ist rührend, dass Sie mich schon wieder mit einer Dose voll Plesch-scher Tabakmischung beschenkt haben. Die früheren sind aber längst nicht zu Ende, dank der von den himmlischen Mächten über mich verfügten Selbstbeschränkung. Ich danke Ihnen auch sehr für Ihre anschaulichen und ~~ausführlichen~~ [klaren] Ausführungen über den Schnauf-Apparat. Ich hatte offen gestanden ein wenig Angst, dass Sie mir meine schulmeisterhaften Bemerkungen darüber übel [genommen haben] ~~nehmen~~ könnten. Da ich mir meiner völligen Unwissenheit in physiologischen und medizinischen Dingen bewusst bin, will ich lieber nichts mehr darüber sagen.

Es regnet unheimlich Briefe und Manuskripte, und die Leistungsfähigkeit und geistige Beweglichkeit nimmt ab. Deshalb schreibe ich nur kurz. Die Anämie ist übrigens behoben, d. h. keine Ausrede mehr. Ich wünsche Ihnen schöne Zeit und erquickende Sonne.

Ihr
A. E.

Eugen Fischer
(1874 – 1967)

8. März 64

Lieber Herr College Schade!

Gleich 4 schöne Sonderdrucke haben Sie mir geschickt – herzlichen Dank dafür. Sie haben den Bogen Ihrer Arbeit *weit* gespannt, von den Soziologisch-anthr.[opologischen] Untersuchungen in der Schwalm bis zu den modernsten Chromosomenstudien. Jene habe ich leicht & mit Interesse gelesen – diese aber wollen bei unsereinem d.h. bei fast Uralten etwas mühsam studiert sein. Ich freute mich, dass Sie eine so klare & wohlgegliederte Übersicht & eingehende Darstellung geben. Ich kann bei vielen Einzelheiten nicht mehr ganz mitkommen. Von den vielen „Syndromen“ sind mir die wenigsten ein Begriff & die chemischen Unterlagen verstehe ich

Eugen Fischer im 90. Lebensjahr
an den Humangenetiker Heinrich Schade in Düsseldorf

Prof. Dr. Eugen Fischer
Dr. sc. h. c. - Dr. med. h. c.

78 Freiburg i. Br.,
Schwimmbadstr. 10
Fernsprecher 4 48 22

8. März 64

Lieber Herr College Schade!

Gleich 4 schöne Sonderdrucke haben Sie mir geschickt – herzlichen Dank dafür. Sie haben den Bogen Ihrer Arbeit weit gespannt, von den soziologisch-anthr. Untersuchungen in der Schwalm bis zu den modernsten Chromosomenstudien. Jene habe ich leicht & mit Interesse gelesen, diese aber wollen bei unsereinem d. h. bei fast Uralten etwas mühsam studiert sein. Ich freute mich, dass Sie eine so klare & wohlgeglückte Übersicht & eingehende Darstellung geben. Ich kann bei vielen Einzelheiten nicht mehr ganz mitkommen. Von ~~den~~ vielen „Syndromen" sind mir die wenigsten ein Begriff & die chemischen Unterlagen verstehe ich

das wenigste. Aber das schadet
nichts – ich arbeite selbst ja nicht
mehr produktiv – und den grossen
Wert Ihrer Darstellung & Ihrer Erfahrungen an sich & für die Medizin
(Prof. & Stud.) kann ich gut beurteilen
& uneingeschränkt loben. – So danke
ich also herzlich.

Hoffentlich geht es Ihnen & Ihrer
verehrten Gattin, die ich sehr zu grüssen
bitte, gut. Ihre Kinder müssen nun
schon gross & wohl ausgeflogen
sein? alle guten Wünsche.

Mein Enkel ist nun im 9. Sem.,
studiert in Basel Ethnol.[ogie] (& Praehistorie & Religionsgeschichte als Nebenfächer) & sitzt an der Dr Arbeit. Er
hat eben zwei schöne Afrikaexpeditionen
hinter sich und schon 4 Publicationen
vorgelegt. Ich bin sehr glücklich über
ihn – er kommt oft [am] Wochenende von
Basel herüber zu uns.

Viele herzliche Grüsse Ihr
alter gez. Eugen Fischer

Es geht mir z.Zt. wieder gut – aber
ich lag fast 4 Wochen zu Hause & dann 3 Wochen
im Krankenhaus zu Bett mit mächtigen
Ergüssen in beiden Kniegelenken & hatte *viele* Schmerzen.

das wenigste. Aber das schadet nichts – ich arbeite selbst ja nicht mehr productiv – und den grossen Wert Ihrer Darstellung & Ihrer Erfahrungen an sich & für die Mediziner (Prof. & Stud.) kann ich gut beurteilen & uneingeschränkt loben. – So danke ich also herzlich.

Hoffentlich geht es Ihnen & Ihrer verehrten Gattin, die ich sehr zu grüssen bitte, gut. Ihre Kinder müssen nun schon gross & wohl ausgeflogen sein? alle guten Wünsche.

Mein Enkel ist nun im 9. Sem. Student in Basel Ethnol. (& Praehistorie & Religionsgeschichte als Nebenfächer) & sitzt an der Dr. Arbeit. Er hat schon zwei schöne Afrika expeditionen hinter sich und schon 4 Publicationen vorgelegt. Ich bin sehr glücklich über ihn – er kommt oft Wochenende von Basel herüber zu uns.

Viele herzlichen Grüsse Ihr

alter Eugen Fischer

Es geht mir z. Zt. wieder gut – aber ich lag fast 4 Wochen zu Hause & dann 3 Wochen im Krankenhaus zu Bett mit mächtigen Ergüssen in beiden Kniegelenken & hatte viele Schmerzen

Theodor Fontane
(1819 – 1898)
Kreidezeichnung von Max Liebermann 1896

Berlin, 5. Januar 92.
Potsd. Str. 134.c.

Hochverehrte Freundin.

Herzlichen Dank für die Glückwünsche zu meinem Geburtstage, den ich unter jungen und alten Damen – letztere leider in der Mehrzahl – verbrachte. Das große, richtiger das Merkwürdigkeitsgeschenk des Tages war eine Weinsendung aus *Patras*.

Theodor Fontane im 73. Lebensjahr
an Luise Mengel geb. Witte in Elsenau (Prov. Posen)

Berlin 5. Januar 92.
Potsd. Str. 134.c.

Hochgeehrte Freundin.

Herzlichen Dank
für die Glückwünsche
zu meinem Geburts-
tage, der sich unter
jüngeren und alten
Damen – letztere leider
in der Mehrzahl – ver-
brachte. Das größte,
wichtigste der Mark-
[illegible] der
Tages war eine
[illegible] aus Fr-
[illegible].

So hat man sich
mit seinen Romanen
und seinem Ruhm
denn glücklich bis
in die Nähe von
Olympia 'range-
schwindelt. – Durch
Mete hören wir
nur Gutes von allen
Elsenauern, groß und
klein, was uns
herzlich erfreut. Dies
war unser erstes Weih-
nachtsfest unter den Polen;
zum Glück fällt Dein
Papa wie eine ganze
deutsche Provinz ins
Gewicht. In einer
Woche werden wir ihn hier wieder
im Reichstag sehn.
Herzlichste Grüße
Dir, Deiner lieben Mama und den Kindern
von Deinem Dir treu ergebenen alten Onkel

gez. Th. Fontane.

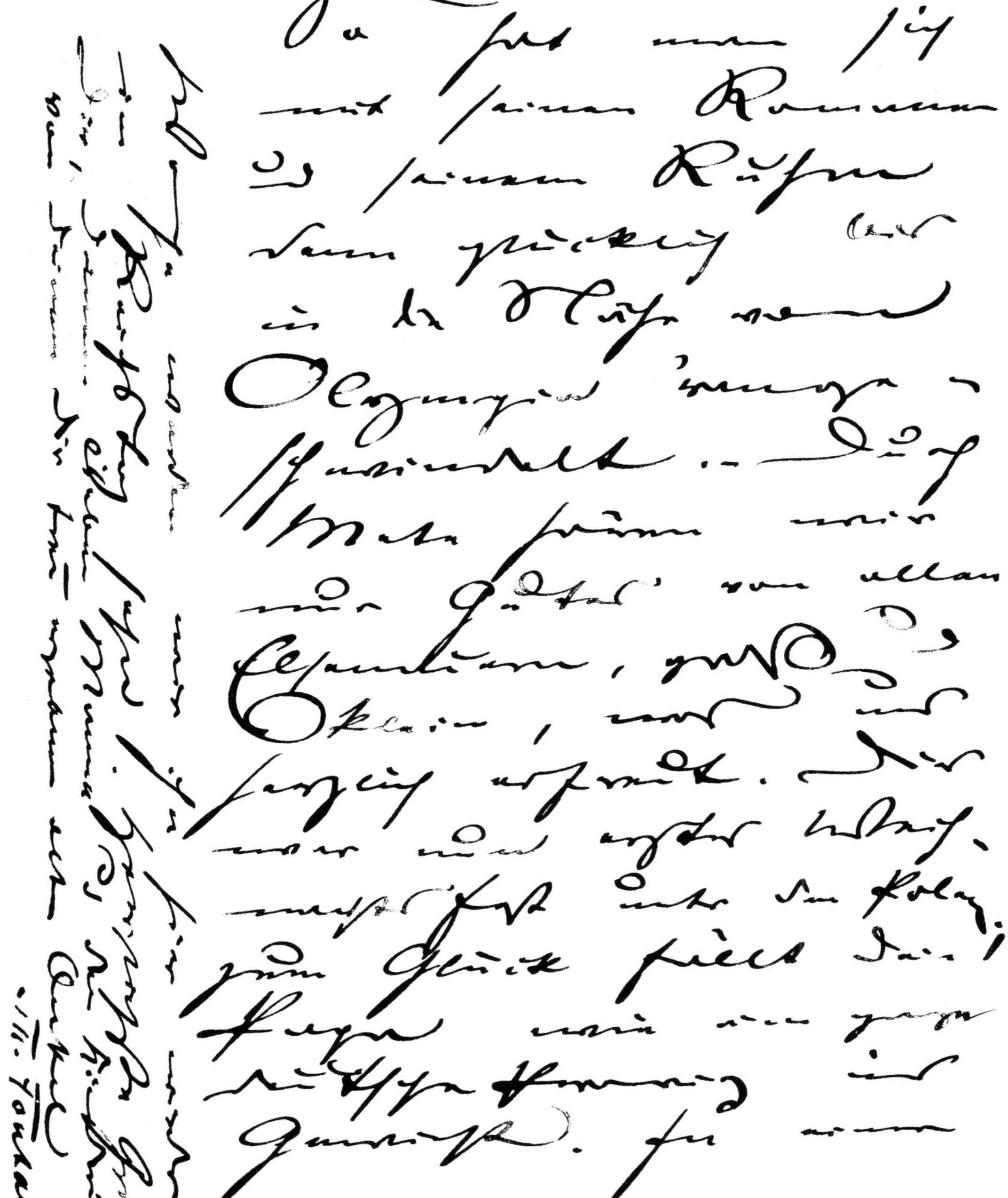

Gertrud Freiin von le Fort
(1876 – 1971)
Rötelzeichnung von Prof. Oskar Kreibich 1958. SNM

Oberstdorf d. 21.2.1952

Sehr verehrter, lieber Herr Pfarrer!

Ihr Brief und die ihn begleitende Gabe Ihres Buches riefen mir die Stunden zurück, die Ihr freundlicher Besuch mir schenkte, und deren Nachklang noch oft und warm mit mir ging. Ist es doch immer eine glückliche Fügung, wenn zwei dichtende Menschen einander begegnen dürfen – eine doppelt glückliche wenn, wie in unsrem Fall, die Instrumente auch wirklich zusammen klingen. Mir wird das Gespräch mit Ihnen als reine Freude immer in dankbarster Erinnerung bleiben.

Gleich nach Ihrem Besuch habe ich mich in Ihre „Unruhige Nacht“ versenkt und kann nun erst ganz die Größe Ihres Geschenks ermessen. Es ist wundervoll, wie sich da inmitten der Erbarmungslosigkeit des schauerlichsten aller Kriege die Menschlichkeit erhebt und zart aber tief behauptet. Sie zeichnen die ganze Grausamkeit jener Kriegswelt ohne Schonung, und doch bricht das Erbarmen siegreich durch wenn auch ganz verhalten. Wie die beiden Liebenden sich angesichts des Todes finden, vor allem aber wie der Pfarrer mit dem Verurteilten spricht, so unendlich schlicht und doch alles in dem armen

Gertrud Freiin von le Fort im 76. Lebensjahr
an Albrecht Goes in Stuttgart

Oberstdorf d. 21. 2. 1952

Sehr verehrter, lieber Herr Pfarrer!

Ihr Brief u. die ihn begleitende Gabe Ihrer Bücher riefen mir die Stunden zurück, die Ihr freundlicher Besuch mir schenkte, u. deren Nachklang noch oft u. warm mich umgibt. Es ist u. doch immer ein glückliches Ereignis, wenn zwei dichtende Menschen einander begegnen dürfen – ein doppelt glückliches wenn, wie in unserem Fall, die Instrumente auch wirklich zusammen klingen. Mir wird das Gespräch mit Ihnen als meine Freude immer in dankbarster Erinnerung bleiben.

Gleich nach Ihrem Besuch habe ich mich in Ihre „Unruhige Nacht" versenkt u. kann nun erst ganz die Größe Ihrer [illegible] ermessen. Es ist wundervoll, wie sich da inmitten der Erbarmungslosigkeit des schauerlichsten aller Kriege die Menschlichkeit erhebt u. zart aber sich behauptet. Sie zeichnen die ganze Grauenhaftigkeit jener Kriegswelt ohne Schonung, u. doch bricht das Erbarmen siegreich durch wenn auch ganz [illegible]. Wie die beiden Liebenden sich angesichts des Todes verhalten, wie sie der Pfarrer mit dem ~~Kriegsrichter~~ finden, der allein aber wie der ... u. doch alles in dem armen Herzen, so einmalig schlicht u. doch alles in dem armen Herzen,

Menschen lösend, das ist einfach unvergeßlich. Auch der äussere Aufbau mit seiner Überschneidung der Linien von Leben und Tod ist außergewöhnlich, ich bewundre ihn tief. Sie haben mich sehr glücklich gemacht, als Sie mich dieses Buch aus Ihrer Hand empfangen ließen.

An dem andren Buch, das Sie mir schenkten, konnte ich leider bisher nur ein wenig naschen, denn mit ihm zugleich kam eine für meine augenblickliche Dichtung nötige dicke Leihgabe der Tübinger Universitätsbibliothek an, die ich baldigst zurück senden muß, und deren Lektüre nun allem andren vorgeht. Aber am Ende dieses Gewaltmarsches steht dann als Belohnung die Begegnung mit Ihrem Buch „Von Mensch zu Mensch" und wie viel verheißt schon der Titel, und wie viel verheißen auch die wenigen feinen und besinnlichen Sätze, die ich bereits darinn [sic!) aufschlug! Ich danke Ihnen sehr herzlich für diese zweite Gabe und ebenso danke ich Ihnen für die warmen Worte Ihres Briefes über meine eigenen Gaben an Sie. Ich wußte, daß sie meiner „Jungfrau von Barby" Verständnis schenken würden, und ich gönnte es ihr, denn es wird ihr nicht oft zu teil – die Mystik ist ein Land, das nicht jeder zu betreten vermag. Besonders froh aber machte mich Ihr Ja zu den Gedichten, denn die Ihren sind mir seit lange schon so teuer, daß Ihr Wort mir da viel bedeutet. Ihre Verse haben noch jene Musik,

Menschen löst und, das ist einfach unvergeßlich. Auch der äußere Aufbau mit seiner Überschneidung der Linien von Leben u. Tod ist außerordentlich, ich bewundere ihn sehr. Sie haben mich sehr glücklich gemacht, als Sie mich dieses Buch aus Ihrer Hand empfangen ließen.

An dem andern Buch, das Sie mir schenkten, konnte ich leider bisher nur ein wenig naschen, denn mit ihm zugleich kam eine für meine augenblickliche Dichtung nötige dicke Leihgabe der Tübinger Universitätsbibliothek an, die ich baldigst zurücksenden muß, u. deren Lektüre nun allem andern vorgeht. Aber am Ende dieser Gewaltmärsche steht dann als Belohnung die Begegnung mit Ihrem Buch "Von Mensch zu Mensch" u. wie viel verspricht schon der Titel, u. wie viel verheißen auch die einzelnen seiner u. besonderen Sätze, die ich bereits darin aufschlug! Ich danke Ihnen sehr herzlich für diese zweite Gabe u. ebenso danke ich Ihnen für die warmen Worte Ihres Briefes über meine eigenen Gaben an Sie. Ich wußte, daß Sie meine Jungfrau von Barby "Verschwendung" schenken würden, u. ich gönnte es ihr, denn es wird ihr nicht oft zu teil – die Mystik ist ein Land, das nicht jeder zu betreten vermag. Besonders froh aber machte mich Ihr Ja zu den Gedichten, denn die Ihren sind mir seit langem schon so teuer, daß Ihr Wort mir da viel bedeutet. Ihre Verse haben nach jenem Mystik, die heute mehr und mehr aus der Lyrik zu entweichen droht, und sie sind noch vom Glauben angestrahlt – vor allem: sie können trösten! Nur was tröstet, ist in meinem Ohr wirklich Gesang. Wie oft hat mich Ihre „Rose des Abendlands“ getröstet!

Darf ich Sie bitten, Ihrer Gattin unbekannterweise einen Gruß von mir zu sagen und selbst einen solchen von meiner lieben Hausgenossin, Ihrer Landsmännin, entgegen nehmen zu wollen.

In der Hoffnung, daß Ihr Weg Sie einmal wieder nach Oberstdorf führen möchte, und in Verehrung Ihres Werkes grüßt Sie Ihre Ihnen sehr ergebene

gez. Gertrud v le Fort

die heute mehr u. mehr aus der Lyrik zu entweichen droht, u. sie sind noch vom Glauben angestrahlt – vor allem: sie können trösten! Nur das Wissen, ist in meinem Ohr ewiger Gesang. Wie oft hat mich Ihre „Rose des Abendlands" getröstet!

Darf ich Sie bitten, Ihrem Gatten unbekannterweise einen Gruß von mir zu sagen u. selbst einen solchen von meiner lieben Hausgenossin, Ihrer Landsmännin, entgegen nehmen zu wollen.

In der Hoffnung, daß Ihr Weg Sie einmal wieder nach Oberstdorf führen möchte, u. in Verehrung Ihres Werkes grüßt Sie Ihre Ihnen sehr ergebene

Gertrud v. le Fort.

James Franck
(1882 – 1964)
STDW

Durham. N.C.
4.Maerz 59.

Mein lieber Otto Hahn!

Dein 80ster Geburtstag wird mit Recht durch eine Unzahl von Briefen, Telegrammen, Ansprachen, Ehrungen und Zeitungsartikeln gefeiert werden. Du wirst versuchen den Ansturm mit gutem Humor über Dich ergehen zu lassen und wirst durch Deine Dir erfreulicherweise bewahrte jugendliche Frische ihm auch körperlich gewachsen sein. Wir hoffen, dass Dir und Edith Zeit genug gelassen wird Deinen Ehrentag auch als Freudentag der Familie zu feiern mit Eurem Sohn und den Seinen. Wir wünschen Euch einen schönen Tag, so frei von Sorgen als man heutzutage sein kann und ein neues Jahrzehnt Deines Lebens lieber Hahn, daß [sic!] Euch Allen nur Freude bringen soll.

Lass mich bei dieser Gelegenheit ein par [sic!] persönliche Worte hinzufügen: Ich kann nie an Dich denken, ohne herzliche Freude und Dankbarkeit zu empfinden für Deine mir gewordene Freundschaft, die sich in guten und bösen Tagen bewährt hat. Ich denke oft an Dich, schon aus Egoismus, denn Dein unverwüstlicher Lebensmut hilft dem meinen auf wenn er mal eine Ebbe hat. Natürlich wird man guten Mutes, wenn man daran denkt, daß selbst die größten wissenschaftlichen Leistungen und Erfolge und die damit verknüpften Ehrungen in Dir, einem echten Wissenschaftler, nicht eine Spur Deiner inneren Bescheidenheit Abbruch gethan haben. Natürlich bin ich dankbar für Alles was Deine unbeirrbare Menschlichkeit, Deine Treue und Dein gesundes Urteil mir geschenkt hat. Ich bin absolut gewiss, daß viele Andere genau soviel oder angenähert soviel Grund haben sich über Dein Dasein zu freuen wie ich. So sind die Glückwünsche wahr und kommen vom Herzen.

Hertha und ich senden Dir und Edith herzlichste Grüsse und hoffen auf ein Wiedersehen, selbst wenn es im kommenden Juni nicht sein kann. Aufgeschoben ist nicht aufgehoben.

Dein alter gez. James Franck

James Franck im 77. Lebensjahr
an Otto Hahn in Göttingen

Durham. N.C.
4. März 59.

Mein lieber Otto Hahn!

Dein 80ster Geburtstag wird mit Recht durch eine Unzahl von Briefen, Telegrammen, Ansprachen, Ehrungen und Zeitungsartikeln gefeiert werden. Du wirst versuchen den Ansturm mit gutem Humor über Dich ergehen zu lassen und wirst durch Deine Dir erfreulicherweise bewahrte jugendliche Frische ihm auch körperlich gewachsen sein. Wir hoffen, dass Dir und Edith Zeit genug gelassen wird Deinen Ehrentag auch als Freudentag der Familie zu feiern mit Eurem Sohn und den Seinen. Wir wünschen Euch einen schönen Tag, so frei von Sorgen als man heutzutage sein kann und ein neues Jahrzehnt Deines Lebens lieber Hahn, dass Euch Allen nur Freude bringen soll.

Lass mich bei dieser Gelegenheit ein paar persönliche Worte hinzufügen: Ich kann nie an Dich denken, ohne herzliche Freude und Dankbarkeit zu empfinden für Deine mir gewordene Freundschaft, die sich in guten und bösen Tagen bewährt hat. Ich denke oft an Dich, schon aus Egoismus, denn Dein unverwüstlicher Lebensmut hilft dem meinen auf wenn er mal eine Ebbe hat. Natürlich wird man guten Mutes, wenn man daran denkt, dass selbst die grössten wissenschaftlichen Leistungen und Erfolge und die damit verknüpften Ehrungen in Dir, einem echten Wissenschaftler, nicht eine Spur Deiner inneren Bescheidenheit Abbruch gethan haben. Natürlich bin ich dankbar für Alles was Deine unbeirrbare Menschlichkeit, Deine Treue und Dein gesundes Urteil mir geschenkt hat. Ich bin absolut gewiss, dass viele Andere genau so viel oder angenähert soviel Grund haben sich über Dein Dasein zu freuen wie ich. So sind die Glückwünsche wahr und kommen vom Herzen.

Hertha und ich senden Dir und Edith herzlichste Grüsse und hoffen auf ein Wiedersehen, selbst wenn es im kommenden Juni nicht sein kann. Aufgeschoben ist nicht aufgehoben.

Dein alter James Franck.

Friedrich II., der Große
(1712 – 1786)
Gemälde von Anton Graff (nach dem Tode des Königs entstanden)

le 23 fevr 1785

Mon tres cher frere

Pour Le Coup je m'aplaudis
et me felicite d'avoir un frere Voyant et Vrai profette, jusqu'ici
j'avois beaucoup estimé et honnoré ce frere pour son Merite perssonel
mais ce qui Vient d'arivér L'Emporte Sur tout. Oui mon cher frere Vous
etes profete plus Veridique que tout Ceux du Vieu et du Nouveau Testament [.]
Vous avez annoncé mot pour mot Ce qui Vient d'arivér, Voila ce qui j'aprens,
L'Empereur Ayant eprouvé pour Le Troc de La baviere Le refus
du prince des Deux ponds, et Deplus Les fortes repressentations que La france y a
Ayoutée, a Declaré a Verssailles quil Se Desistoit entierement de ce
Project; Voila mot pour mot Votre Profesie Accomplie, et j'ai reusue
de meme une Declaration de L'Imperatrisse de Russie, qui palye par des Sofismes
pitoyables La Conduite de Romansof, et qui parait pour Le pressent de Laisser Tomber
egallement Comme L'Empereur Le projet du Troc de La Baviere, je benis
Le Ciel et Vous mon cher frere que Ce pernissieux dessein ait ausi facillement
avorté, et je fais des Voeux pour que Les Holandais se tirent egallement bien
des Perills qui Les Menassent. On m'ecrit d'ailleurs de Russie quil manque
plus de $\frac{30}{m}$ hommes au Complet de L'armée et qu'ainsi La Levée de $\frac{50}{m}$ recrûes
ne procurera a L'Armée qu'une Augmentation réele de $\frac{20}{m}$ hommes, On Commence a
Croire qu'un Nouveau Galant poura remplacér Lanscoi et lon Croit que ce
Choix porroit tombér Sur le jeune pr. [ince] Dascof. On m'ecrit de Viene que
L'Empereur a beaucoup d'humeur, et quil Se met beaucoup d'egreur entre
La Cour de Vienne et Celle de France; Tans mieux en ce Cas nous trouverons
de Nouveaux alliéz, nous en avons bessoin Car nous sommes issoléz dans toutes Les
Formes, et Le projet de La baviere tombé nous fournit le tems de nous arangér
et de pouvoir nos Oposér a L'avenir aux Nouvelles Ussurpations que Le Cesart
Josef Voudra executér. Ce repit est toujours agréable pour un Vieillard
et il Vient tres apropos pour terminér quelques Arangemens que Le Temps n'a
pas permis d'estre entierement Perfectionéz; au Reste je fais mille Voeux
pour mon cher Proffette, et Comme il sait tout et quil peut Lire dans Les
Coeurs, il doit etre perssuadé du tendre attachement et de La Haute estime
avec La quelle je Suis

Mon tres cher frere

Votre fidele frere
et Serviteur
gez. Federic

am 23. Februar 1785

Mein lieber Bruder,

diesmal gratuliere ich mir und beglückwünsche mich dazu, einen Seher und wahren Propheten als Bruder zu haben, bisher hatte ich diesen Bruder wegen seines persönlichen Verdienstes sehr geschätzt und geehrt, aber was jetzt geschehen ist, übertrifft alles. Ja, mein lieber Bruder, Sie sind ein echterer Prophet als all jene des Alten und des Neuen Testaments. Sie haben Wort für Wort vorausgesagt, was jetzt geschehen ist. Soeben erfahre ich, der Kaiser hat, nachdem er betreffs des Austauschs Bayerns die Weigerung des Fürsten von Zweibrücken erhalten hat und außerdem die dringlichen Vorstellungen, die Frankreich daran angeschlossen hat, in Versailles erklärt, er verzichte ganz auf dieses Projekt; Ihre Prophezeihung ist also Wort für Wort in Erfüllung gegangen, und ich habe desgleichen eine Erklärung der Kaiserin von Rußland empfangen, die das Verhalten Rumjanzews mit jämmerlichen Sophismen beschönigt, und die im Augenblick ebenso wie der Kaiser den Plan des Austauschs Bayerns fallen zu lassen scheint; ich segne den Himmel und Sie meinen lieben Bruder, daß dieser schädliche Plan so leicht gescheitert ist, und wünsche mir sehr, daß die Holländer den Gefahren, die sie bedrohen, ebenso gut entgehen. Man schreibt mir übrigens aus Rußland, daß zur Vervollständigung der Armee mehr als 30 000 Mann fehlen, so daß die Aushebung von 50 000 Rekruten der Armee nur eine wirkliche Erhöhung von 20 000 Mann verschaffen wird. Man beginnt zu glauben, daß ein neuer Liebhaber Lanskoi ersetzen kann und man glaubt, daß die Wahl auf den jungen Fürsten Daschkow fallen könnte. Man schreibt mir aus Wien, daß der Kaiser sehr verärgert ist und sich zwischen dem Wiener Hof und dem französischen viel Groll anhäuft. Um so besser, wir werden in diesem Fall neue Verbündete finden, wir brauchen sie, denn wir sind vollkommen isoliert, und das Scheitern des bayrischen Plans gibt uns die Zeit, uns vorzubereiten und uns in der Zukunft den neuen Usurpationen entgegenstellen zu können, die der Caesar Joseph vornehmen will. Dieser Aufschub ist für einen alten Mann sehr angenehm und er kommt im rechten Augenblick, um verschiedene Maßnahmen zu treffen, die aus zeitlichen Gründen bisher nicht abgeschlossen werden konnten; im übrigen wünsche ich meinem lieben Propheten alles Gute, und da er alles weiß und in den Herzen lesen kann, ist er sicher von der liebevollen Anhänglichkeit und der ganzen Hochachtung überzeugt, mit der ich,

mein lieber Bruder,

Ihr treuer Bruder
und Diener bin
gez. Friedrich

Friedrich II., der Große, im 74. Lebensjahr
an seinen Bruder, den Prinzen Heinrich v. Preußen

le 23 fevr 1785

Mon tres cher frere Pour le Coup je m'aplaudis
et me felicite d'avoir un frere Voyant et Vrai profette, jusqu'ici
j'avois beaucoup estimé et honnoré ce frere pour son Merite personnel
mais ce qui Vient d'arivér L'Emporte sur tout. Oui Mon cher frere Vous
etes profette plus Veridique que tout Ceux du Vieux et du Nouveau Testament
Vous avez annoncé mot pour mot Ce qui Vient d'arivér, Voila ce que ~~Vient~~ j'aprens
~~Darivér~~, L'Empereur ayant aprouvé pour le Troc de La baviere Le refus
du prince des Deux ponts, et Deplus Les fortes representations que La france y a
ayouteé, à Declaré a Versailles quil se Desistoit entierement de ce
Project, Voila mot pour mot Votre Prodesie Accomplie, et j'ai receu
de meme une Declaration de L'Imperatrisse de Russie, qui palie par des Sofismes
pitoyables La Conduite de Romanzof, et qui parait pour le pressant de Laisser Tomber
egallement Come L'Empereur Le projet du Troc de La Baviere, je benis
Le Ciel et Vous mon cher frere que Ce pernissieux Dessin ait aussi facillement
avorté, et je fais des Voeux pour que Les Holandois se tirent egallement bien
des Perills qui Les Menassent. On m'ecrit d'ailleurs de Russie quil manque
plus de 30 m hommes au Complet de L'armée et qu'ainsi La Levée de 50 m recrues
ne procurera a L'Armée qu'une Augmentation réele de 20 m hommes. On Comence a
Croire qu'un Nouveau Jalant pourra remplacer Lanscoi et l'on Croit que le
Choix pourroit tomber sur le jeune pr: Dascof. On m'ecrit de Vienne que
L'Empereur a beaucoup d'humeur, et quil seme beaucoup d'aigreur entre
La Cour de Vienne et Celle de France; Tans mieux en ce Cas nous trouverons
de Nouveaux alliez, nous en avons besoin Car nous somes isolez dans toutes les
formes, et Le projet de La baviere tombé nous fournit le tems de nous arangér
et de pouvoir nous oposér a L'avenir aux Nouvelles Ussurpations que Le Cesart
jasef Voudra executér. Ce repit est toujours agréable pour un Vieillard
et il Vient tres apropos pour terminer quelques Arangemens que le Temps n'a
pas permis d'estre entierement Perfectionez; Au Reste je fais mille Voeux
pour mon Cher Proffette, et Come il sait tout et quil peut Lire dans Les
Coeurs, il doit etre persuadé du tendre attachement et de La Haute estime
avec La quelle je Suis

Mon tres cher frere

Votre fidele frere
et Serviteur
Frederic

Karl von Frisch
(1886 – 1982)
STDW

Brunnwinkl, 5.8.78

Lieber Mr. Carl Davis!

Zu Ihrem 100. Geburtstag wünsche ich Ihnen viel Glück und weitere gesunde Jahre.

Ihre Tochter schreibt mir, Sie wüßten gern, welche wissenschaftliche Entwicklung ich für die nächsten 50 Jahre erwarte. Ich kann nicht vorhersagen was kommen wird. Ich kann nur sagen, welche Entwicklung ich wünsche.

Die Menschen sollten erkennen, daß die größten Schwierigkeiten, vor denen wir stehen, eine gemeinsame Ursache haben: die unnatürliche Zunahme der Zahl der Menschen, die zu einer katastrophalen Übervölkerung der Erde führt. Dadurch wird die Nahrung zu knapp, die Rohstoffe werden ausgehen, Landschaften von ursprünglicher Schönheit verschwinden immer mehr, Luft, Boden und Wasser werden verschmutzt.

Man müßte große Geldmittel, gemeinsamen guten Willen und ein hohes Potential an wissenschaftlicher Intelligenz auf das große Ziel verwenden, weltweit eine *Ab*nahme der Bevölkerungszahl zu erreichen, denn nur so wird ein menschenwürdiges Dasein für alle möglich werden.

Man muß eine allgemeine Abrüstung endlich

Karl von Frisch im 92. Lebensjahr
an einen Herrn in den USA

zur Zeit:

PROF. Dr. K. v. FRISCH
A-5340 ST. GILGEN (SALZBURG)
BRUNNWINKL
ÖSTERREICH

Brunnwinkl, 5.8.78

Lieber Mr. Carl Davis!

Zu Ihrem 100. Geburtstag wünsche ich Ihnen viel Glück und weitere gesunde Jahre.

Ihre Tochter schreibt mir, Sie wüßten gern, welche wissenschaftliche Entwicklung ich für die nächsten 50 Jahre erwarte. Ich kann nicht vorhersagen was kommen wird. Ich kann nur sagen, welche Entwicklung ich wünsche.

Die Menschen sollten erkennen, daß die größten Schwierigkeiten, vor denen wir stehen, eine gemeinsame Ursache haben: die unnatürlich Zunahme der Zahl der Menschen, die zu eine katastrophalen Übervölkerung der Erde führt. Dadurch wird die Nahrung zu knapp, die Rohstoffe werden ausgehen, Landschaften von ursprünglicher Schönheit verschwinden immer mehr, Luft, Boden und Wasser werden verschmutzt.

Man müßte große Geldmittel, gemeinsamen guten Willen und ein hohes Potential an wissenschaftlicher Intelligenz auf das große Ziel verwenden, weltweit eine Abnahme der Bevölkerungszahl zu erreichen, denn nur so wird ein menschenwürdiges Dasein für alle möglich werden.

Man muß eine allgemeine Abrüstung endlich

durchführen, statt nur fruchtlos von ihr zu reden. Das Wettrüsten vergrößert die Gefahr eines neuen Weltkrieges, der den Menschen nur Elend, wenn nicht ihr Ende bringen würde.

Eine völlige Wende in der allgemeinen Politik mit dem Ziel, die Gesamtzahl der Bevölkerung den Möglichkeiten anzupassen, welche die Erde bietet, könnte auf lange Zeit zu einem friedlichen Zusammenleben der Menschen führen.

Hier liegt, richtig aufgefaßt, eine hohe wissenschaftliche Aufgabe.

Mit freundlichen Grüßen
Ihr
gez. K. v. Frisch

2

durchführen, statt nur fruchtlos von ihr zu reden. Das Wettrüsten vergrößert die Gefahr eines neuen Weltkrieges, der den Menschen nur Elend, wenn nicht ihr Ende bringen würde.

Eine völlige Wende in der allgemeinen Politik mit dem Ziel, die Gesamtzahl der Bevölkerung den Möglichkeiten anzupassen, welche die Erde bietet, könnte auf lange Zeit zu einem friedlichen Zusammenleben der Menschen führen.

Hier liegt, richtig aufgefaßt, eine hohe wissenschaftliche Aufgabe.

Mit freundlichen Grüßen

Ihr

K. Frisch

Friedrich Fröbel
(1782 – 1852)
Zeichnung von Strauch

Am 29. December 1850.

Mein lieber Herr Rohrbach.

Obgleich nur noch wenige Tage im alten Jahre sind, so soll mir dasselbe doch nicht ganz verschwinden [,] ohne Ihnen meinen wärmsten und recht aufrichtigen Dank für Ihre so förderliche als besonders auch ausdauernde Theilnahme zu sagen, welche Sie meinen Bestrebungen in dem nun bald verflossenen Jahre geschenkt haben. Messen Sie das in mir deshalb lebende Gefühl der Dankbarkeit und den Dank [,] welchen Ihnen mein denkender Geist in mir schon so oft gesagt hat und noch sagt [,] ja nicht nach dem Wortausdruck [,] mit welchem sich derselbe Ihnen ausspricht; es würde dann mir und Ihnen gleich Unrecht geschehen; denn offen will ich es Ihnen gestehen, ich halte es von mir für Eitelkeit, oder besser für Anmaßung, also immer für Unrecht [,] die Anerkennung, Unterstützung und Förderung [,] welche von Andern der Idee wird [,] mir als deren ersten Träger und Vertreter aneignen zu wollen, und dieß [,] dünkt mich, gewinnt den nachtheiligen Schein mindestens, wenn ich zu oft und zu laut mit jenem persönlichen Danke hervortrete; dadurch verfalle ich aber wohl leicht nach einer anderen

Friedrich Fröbel im 69. Lebensjahr
an den Lehrer C. Rohrbach in Berlin

Er. 1 Jan. 51.
Ans. 31 „ 51.

Am 29. December 1850.
Bildungsanstalt Marienthal
für allseitige Lebenseinigung.

Mein lieber Herr Rohrbach.

Obgleich nur noch wenige Tage im alten Jahre sind, so soll mir
dasselbe doch nicht ganz verschwinden ohne Ihnen meinen wärm-
sten und recht aufrichtigen Dank für Ihre so förderliche als be-
sonders auch andauernde Theilnahme zu sagen welche Sie mei-
nen Bestrebungen in dem nun bald verflossenen Jahre geschenkt
haben. Messen Sie das in mir deshalb lebende Gefühl der Dankbar-
keit und den Dank welchen Ihnen mein denkender Geist in mir schon
so oft gesagt hat und noch sagt ja nicht nach dem Wortausdruck mit
welchem sich derselbe Ihnen ausspricht; es würde dann mir und
Ihnen gleich Unrecht geschehen, denn offen will ich es Ihnen gestehen,
ich halte es von mir für Eitelkeit, oder besser für Anmaßung,
also immer für Unrecht die Anerkennung, Unterstützung und
Förderung welche von Andern der Idee wird mir als deren er-
sten Träger und Vertreter annehmen zu wollen, und dieß
dünkt mich, gewinnt den nachtheiligen Schein mindestens, wenn
ich zu oft und zu laut mit jenem persönlichen Danke hervor
trete; dadurch verfalle ich aber wohl leicht noch einer anderen

Seite hin dem Scheine des Undankbaren, welcher ich aber in mir gewiß nicht bin, im Gegentheil [,] ich gedenke zwar Wort- und Ausdruckslos [,] aber recht oft und von Herzensgrund dankbar [,] all der förderlichen Theilnahme, welche der Zeitidee wird, deren Träger und Vertreter ich dadurch bin [,] daß sie mir zugleich Lebensidee, ja Lebensgedanke geworden ist. Um nun aber nicht auch bei Ihnen in diesen ungünstigen Schein zu gerathen, so gestatten Sie mir, mit dem Scheiden des nun bald verflossenen Jahres, Ihnen auch meinen recht herzlichen Dank für die Förderung der Idee, unserer gemeinsamen Idee [,] zu sagen, welche Sie durch Ihre Theilnahme an unserer Wochenschrift so thatsächlich bewiesen haben.

Es ist wahr, ich habe Ihnen [,] glaub ich [,] noch niemals meine bestimmte Beistimmung zu dem Inhalte, der Durchführung und der consequenten Folge besonders Ihrer Beiträge zur Menschenbildung ausgesprochen, allein es hat mir geschienen [,] es wäre Ihnen möglich [,] dieselbe unter und zwischen den Linien zu lesen, besonders auch durch die Schnelligkeit [,] mit welche solche in der Wochenschrift aufgenommen worden sind. Fahren Sie so fort [,] die Ihnen noch vorliegenden Gegenstände in derselben Weise und mit derselben Folgerichtigkeit durch- und vorzuführen [,] und Sie werden gewiß wesentlich zur Erkenntniß und Anwendung der, von der eingetretenen Neuzeit geforderten, auf *Natur-* und *Lebensbeachtung* gegründeten [,] entwickelnd-erziehenden Belehrung und Menschenbildung beitragen. –

Auch Ihre sogen. Stimmen habe ich mit vieler Befriedigung gelesen, ich hoffe manche gute und erfolgreiche Anregung von denselben. In den neuesten habe ich mir erlaubt [,] zwei persönliche Beziehungen wegzulassen. Ich habe noch immer gefunden, daß dieß unnöthig aufregt [,] zu Mißverständnissen ohne Ende führt und so der Sache schadet [,]

Seite her dem Scheine des Undankbaren, welcher ich aber ci ein gewiss nicht bin, im Gegentheil ich gedenke zwar Wort- und Ausdrucklos aber recht oft und von Herzensgrund dankbar all der förderlichen Theilnahme, welche der zu Theil wird, deren Träger und Vertreter ich dadurch bin, dass sie mir zugleich Lebensidee, ja Lebensgedanke geworden ist. Um nun aber nicht auch bei Ihnen in diesen ungünstigen Schein zu gerathen, so gestatten Sie mir, mit dem Scheiden des nun bald verflossenen Jahres, Ihnen auch mein recht herzlichen Dank für die Förderung der Idee, unserer gemeinsamen Idee zu sagen, welche Sie durch Ihre Theilnahme an unserer Wochenschrift so thatsächlich bewiesen haben.

Es ist wahr, ich habe Ihnen glaub ich noch niemals meine bestimmte Beistimmung zu dem Inhalte, der Durchführung und der consequenten Folge besonders Ihrer Beiträge zur Menschenbildung ausgesprochen, allein es hat mir geschienen als wäre Ihnen möglich dieselbe unter, und zwischen den Linien zu lesen, besonders auch durch die Schnelligkeit mit welcher solche in der Wochenschrift aufgenommen worden sind. Fahren Sie so fort die Ihnen noch vorliegenden Gegenstände in derselben Weise und mit derselben Folgerichtigkeit durch- und vorzuführen und Sie werden gewiss wesentlich zur Erkenntniss und Anwendung der, von der eingetretenen Neuzeit geforderten, auf Natur- und Lebensbetrachtung gegründeten entwickelnd-erziehenden Belehrung und Menschenbildung beitragen. —

Auch Ihre Gegen-Stimmen habe ich mit vieler Befriedigung gelesen, ich hoffe manche gute und erfolgreiche Anregung von denselben. In den neuesten habe ich mir erlaubt zwei persönliche Beziehungen wegzulassen Ich habe noch immer gefunden, dass dies unnöthig aufregt zu Missverständnissen ohne Ende führt und so der Sache schadet ohne ihr wirklich zu nützen.

Ich wünschte nur, daß Ihnen das neue Jahr erlaubte [,] einmal eine längere Zeit hier zu leben [,] um Sie einzuführen in den höchstmerkwürdigen und stetigen Übergang von den Gliederübungs- [,] Spiel- und Beschäftigungsmitteln und Weisen durch die Anschauung und Auffassung hindurch zur rein geistigen Belehrung, klaren wissenschaftlichen Einsicht und wieder zur schönen lebenvollen Gestaltung [,] zur schönen Gestaltung und Darstellung im Leben [,] zurück. Wie sehr eine solche einige und einigende Sachbehandlung und Auffassung zur einigen und einigenden Behandlung und Erfassung des Lebens als eines Ganzen und zur sinnbildlichen Belehrung und Mittheilbarkeit darüber, und wieder zur *Darstellung* des Lebens als eines Ganzen und jedes *Einzellebens* als eines Gliedganzen des Gesammtlebens [,] beiträgt, das muß man erfahren haben, um sich genügende Vorstellung davon machen zu können. Durch Ihre geist- und lebensvolle Auffassung der Sachen, der Dinge [,] würde Ihnen dadurch ein Materiale gegeben werden [,] das große gesammte Lebensganze in seiner Einheit und Mannichfaltigkeit sinnbildlich überschauen zu machen, was für die richtige Darstellung des eigenen Lebens ebenso wichtig ist, wie für das Verständniß des Ganzlebens oder Lebensganzen.

Überlegen Sie sich einmal den Vorschlag: ob Sie nicht im künftigen Sommer, da Sie im verflossenen die Welt gesehen haben, nun auch einmal wieder dem stillen Natur- und Elementarleben leben wollen.

Unser *Wichard Lange* wird Hamburger Bürger, Unternehmer und Director einer höheren Knaben-Realschule, wie er es nennt [,] welche er, wie er schreibt [,] künftige Ostern eröffnen wird. Er meldet zugleich, daß seine Geschäfte ihm dann nicht mehr erlauben [,] die Redaction unserer Wochenschrift übernehmen zu können. Ich hoffe nun nicht, daß dieß Ihrer Theilnahme an unserer Wochenschrift irgend Abbruch thun

chen ihr wirklich zu nützen.

Ich wünschte nur, daß Ihnen das neue Jahr erlaubte einmal eine längere Zeit hier zu leben um Sie einzuführen in den höchst merkwürdigen und stetigen Übergang von den Gliederübungs-, Spiel- und Beschäftigungsmitteln und Weisen durch die Anschauung und Auffassung hindurch zur rein geistigen Belehrung, klaren wissenschaftlichen Einsicht und wieder zur schönen lebenvollen Gestaltung zur schönen Gestaltung und Darstellung im Leben zurück. Wie sehr eine solche einige und einigende Sachbehandlung und Auffassung zur einigen und einigenden Behandlung und Erfassung des Lebens als eines Ganzen und zur sinnbildlichen Belehrung und Mittheilbarkeit darüber, und wieder zur Darstellung des Leben als eines Ganzen und jedes Einzellebens als eines Gliedganzen des Gesammtlebens beiträgt, das muß man erfahren haben, um sich eine genügende Vorstellung davon machen zu können. Durch Ihre geist- u. lebenvolle Auffassung der Sachen, der Dinge würde Ihnen dadurch ein Materiale gegeben werden das große gesammte Lebensganze in seiner Einheit und Mannichfaltigkeit sinnbildlich überschauen zu zeichnen, was für die richtige Darstellung des eigenen Lebens ebenso wichtig ist, wie für das Verständniß des Ganzlebens oder Lebensganzen.

Überlegen Sie sich einmal den Vorschlag: ob Sie nicht im künftigen Sommer, da Sie im verflossenen die Welt gesehen haben, nun auch einmal wieder dem stillen Natur- und Klaus-nerleben leben wollen.

Unser Wichard Lange wird Hamburger Bürger, Unternehmer und Director einer höheren Knaben Realschule, wie er es nennt welche er, wie er schreibt künftige Ostern eröffnen wird. Er meldet zugleich, daß seine Geschäfte ihm dann nicht mehr erlauben die Redaction unserer Wochenschrift übernehmen zu können. Ich hoffe nun nicht, daß dieß Ihrer Theilnahme an unserer Wochenschrift irgend Abbruch thue wird. Im Gegentheil bin ich in mir von Ihrer sorgsamen Pflege und Ausbildung, wie Darlegung der Idee überzeugt, daß Sie, wenn es Ihnen möglich ist, nun ein noch fleißigerer Mitarbeiter an unserem Blatte werden werden. Ich hoffe [,] wir werden uns mit der Verlagshandlung wegen des Honorars Ihrer Beiträge beim Jahresschluß verständigen.

Leben Sie nun im alten Jahre recht wohl, darf ich bitten, so begrüßen Sie mich recht bald durch freundliche Einkehr im neuen Jahre. Lassen Sie uns, besonders uns beide gegenseitig und gemeinsam, wenn es Ihnen anders auch Bedürfniß ist und zusagt, die Erziehungs- [,] Lehr- und Bildungsforderung der Zeit, d.h. der jetzigen Entwicklungsstufe der Menschheit, der Völker, unseres Volkes und des deutschen als solchen [,] objectiv und gegenständlich recht klar machen, damit wir [,] wo möglich [,] dem Bedürfnisse derselben entsprechend entgegen kommen und so die Menschheit mit Bewußtseyn zu ihrem Ziele führen.

Sagen Sie den beiden hochachtbaren Schwestern meinen recht theilnehmenden Neujahrsgruß und Glückwunsch. Ich habe immer gehoft [,] von unserer lieben Frl. E. Pfeiffer etwas von dem Stande der Kindergarten[-]Angelegenheit zu hören, doch vergebens. Das Politische läßt wohl in Berlin gar nichts Pädagogisches aufkommen; obgleich die wahre *Politik,* wie uns [,] ich möchte sagen zu unserer Schande [,] die alten *heidnischen* Völker lehren – in der richtigen Erfassung der Pädagogik wurzelt, und – wie es mir scheint, jetzt wieder eine der Zeitforderung ist, daß dieß anerkannt werde. – Auch von Diesterweg höre ich nichts, ebensowenig von Frau von Mahrenholz. Ist sie schon in Berlin? und seit wie lange? – Nun auch Ihnen einen recht zufriedenen Austritt aus dem alten und ebenso freudigen Eintritt in das neue Jahr, und bleiben Sie in demselben gewogen

Ihrem Freunde gez. Friedrich Fröbel

wird. Im Gegentheil bin ich nur mehr von Ihrer sorgsamen Pflege und Ausbildung, wie Darlegung der Idee überzeugt, daß Sie, wenn es Ihnen möglich ist, nun ein noch fleißigerer Mitarbeiter an unserm Blatte werden werden. Ich hoffe wir werden uns mit der Verlagshandlung wegen des Honorars Ihrer Beiträge beim Jahresschluß verständigen.

Leben Sie nun im alten Jahre recht wohl, doch ich bitte, so begrüßen Sie mich recht bald durch freundliche Rückkehr im neuen Jahre. Lassen Sie uns, besonders uns beide gegenseitig und gemeinsam, wenn es Ihnen anders auch Bedürfniß ist und zusagt, die Erziehungs, Lehr- und Bildungsforderung der Zeit, d. h. der jetzigen Entwickelungsstufe der Menschheit, der Völker, unseres Volkes und des Deutschen als solchen objectiv und gegenständlich recht klar machen, damit wir wo möglich den Bedürfnissen derselben entsprechend entgegen kommen und so die Menschheit mit Bewußtseyn zu ihrem Ziele führen.

Sagen Sie den beiden hochachtbaren Schwestern meinen recht theilnehmenden Neujahrsgruß und Glückwunsch. Ich habe immer gehofft von unseren lieben Frl. L. Pfeiffer etwas von dem Stande der Kindergarten Angelegenheit zu hören, doch vergebens. Das Politische läßt wohl in Berlin gar nicht Pädagogisches aufkommen; obgleich die wahre Politik, wie uns ich möchte sagen zu unserer Schande die alten Friedrichschen Völker lehren — in der richtigen Erziehung der Jugend wurzelt und — wie es mir scheint jetzt wieder einmal an der Zeitforderung ist, daß dieß erkannt werde. — Auch von Diesterweg höre ich nichts, ebensowenig von Frau von Marenholz. Ist sie schon in Berlin? und seit wie lange? — Nun rufe ich Ihnen einen recht zufriedenen Austritt aus dem alten und ebenso freudigen Eintritt in das neue Jahr, und bleiben Sie demselben gewogen

Ihrem freunde Friedrich Fröbel

Francis Galton
(1822 – 1911)
im Alter von 73 Jahren

Quedley Haslemere   Feb 29 1908

Dear Sir

Your letter has reached me in the country, where I am passing the winter.

I have never heard of and can with difficulty believe in the truth of the observation you mention. It would be well to press your friend to get some more information about it.

My paper on Heiress marriages was based, as I have since found, on insufficient evidence. You will see that the inquiry was confined to a small alphabetical section of the Peerage. Had I taken many more cases the results would have come out much less decisive. In fact it has been a warning for me against all statistics based on small numbers.

You are very good to offer to let me see your 16 „quarterings", but I could not make use of it now, and I am as busy as my strength allows. The Almanach de Gotha would be full (I suppose) of analogous cases.?

Faithfully yours
gez. Francis Galton

Quedley Haslemere Feb 29 1908

Dear Sir

Your letter has reached me in the country, where I am passing the winter.

I have never heard of and can with difficulty believe in the truth of the operation you mention. It would be well to press your friend to get you more information about it.

My paper on Heiresses marriages was based, as I have since found, on insufficient evidence. You will see that the inquiry was confined to a small alphabetical section of the Peerage. Had I

Quedley Haslemere 29. Feb. 1908

Sehr geehrter Herr,

Ihr Schreiben hat mich auf dem Lande erreicht, wo ich den Winter verbringe.

Ich habe noch nie von der von Ihnen genannten Beobachtung gehört und kann sie kaum für zutreffend erachten. Es wäre gewiss gut, wenn Sie Ihren Freund drängen würden, nähere Informationen darüber zu beschaffen.

Meine Veröffentlichung über die Ehen reicher Erbinnen gründete – wie ich seither festgestellt habe – auf ungenügender Grundlage. Sie werden sehen, dass die Untersuchung begrenzt war auf einen kleinen alphabetischen Teil des Hochadels. Hätte ich weit mehr Fälle einbezogen, so wären die Ergebnisse ungleich weniger eindeutig gewesen. Dies ist wirklich für mich eine Warnung geworden gegen jegliche auf kleinen Zahlen gegründete Statistik.

Ihr Anerbieten, mir Ihre 16 „Quarterings“ vorzulegen, ist sehr liebenswürdig. Aber ich könnte davon jetzt keinen Gebrauch machen und bin schon so stark beschäftigt wie meine Kräfte es nur zulassen. Der „Gotha“ würde vermutlich eine Fülle vergleichbarer Fälle aufweisen.

treulichst der Ihrige
gez. Francis Galton

Sir Francis Galton im 87. Lebensjahr
wohl an einen „Kollegen“

taken many more cases the results would have come out much less decisive. In fact it has been a warning to me against all statistics based on small numbers.

You are very good to offer to let me see your 16 "quarterings", but I could not make use of it now, and I am as busy as my strength allows. The Almanach de Gotha would be full (I suppose) of analogous cases.?

Faithfully yours

Francis Galton

André Gide
(1869 – 1951)

9 février 47

Cher ami Achard

Gallimard m'apprend que vous étiez à cette réunion de l'autre soir, au Marigny, – où j'allai me fourvoyer, frais débarqué de Suisse (mais que ne ferait-on pour J.L. Barrault?) De penser que j'aurais pu vous y rencontrer, que j'ai passé près de vous sans vous voir, me désole.

J'avais „des choses à vous dire" – quand ce n'eût été que ma joyeuse surprise en lisant votre réponse à l'enquête de *Gavroche* – et un service à vous demander. Il n'est sans doute pas trop tard. Mais je voudrais savoir d'abord si vous disposeriez pour moi d'un peu de temps et de baucoup de patience. Tout bien considéré, c'est à vous seul que je souhaiterais soumettre un petit (. . .) problème d'art dramatique, de composition.

Il s'agit du *Procès* de Kafka, que Barrault et moi portons sur la scène. J'y ai travaillé, dans l'enthousiasme, durant des mois. Le texte est achevé. Les répétitions commencent. Et voici que nous doutons à présent si la scène capitale ne doit pas être déplacée. J'estime que la maintenir à la place qu'elle occupe dans [le] livre c'est à dire: au début, fout tout par terre et fauche d'un coup l'intérêt naissant du spectateur: il *n'attend* plus rien. Mais n'est-il pas attentatoire de remanier la composition de Kafka? Problème. – J'ai grande confiance au votre jugeotte et souhaiterais connaître votre opinion; mais crains beaucoup de vous embêter; aussi trouverais – je tout naturel que vous me disiez: désolé, mais le temps me manque . . .

Affectueusement votre

sig. André Gide.

9 février 47

Cher ami Achard

Gallimard m'apprend que vous étiez à cette réunion de l'autre soir, au Marigny, — où j'allai me fourvoyer, frais débarqué de Suisse (mais que ne ferait-on pour J. L. Barrault ?) De penser que j'aurais pu vous y rencontrer, ~~et~~ que j'ai passé près de vous sans vous voir, me désole. J'avais "des choses à vous dire" — quand ce n'eût été que ma joyeuse surprise en lisant votre ~~interview~~ réponse à l'enquête de <u>Gavroche</u> — et un service à vous demander. Il n'est sans doute pas trop tard. Mais je voudrais savoir d'abord si vous disposeriez pour

9. Februar 47

Lieber Freund Achard

Gallimard teilt mir mit, daß Sie neulich abends an der Réunion im Marigny waren – wo ich mich hinverirrt hatte, frisch gelandet aus der Schweiz (aber was machte man nicht für J. L. Barrault?). Zu denken, daß ich Sie dort hätte treffen können, daß ich nahe an Ihnen vorbei ging ohne Sie zu sehen, betrübt mich.

Ich hatte Ihnen etwas zu sagen [mehreres] – wenn es auch nur meine freudige Überraschung war, mit der ich Ihre Antwort auf *Gavroche's* Untersuchung las – und ich wollte Sie um einen Dienst bitten. Dafür ist es noch nicht zu spät. Aber ich möchte zuerst wissen, ob Sie über etwas Zeit und viel Geduld verfügen. Nach reiflicher Überlegung, möchte ich nur Ihnen ein kleines (. . .) Problem der dramatischen Kunst, der Komposition, vorlegen.

Es handelt sich um den *Prozess* Kafkas, den Barrault und ich auf die Bühne bringen. Ich habe daran gearbeitet, mit Enthusiasmus, während Monaten. Der Text ist fertig. Die Proben fangen an. Und nun zweifeln wir, ob die Hauptszene nicht an eine andere Stelle gesetzt werden sollte. Ich glaube, daß ihre Belassung an der Stelle, die sie im Buch einnimmt, nämlich am Anfang, alles zu Boden wirft und das erwachende Interesse des Zuschauers hinwegfegt: er *erwartet* nichts mehr. Aber ist es nicht frevelhaft, Kafkas Komposition zu verändern? Problem.

Ich habe großes Zutrauen zu Ihrem Urteil und möchte Ihre Meinung wissen; aber ich fürchte sehr Sie zu langweilen: auch fände ich es ganz natürlich, wenn Sie mir sagten: bedaure, aber die Zeit fehlt mir.

Herzlich Ihr

gez. André Gide

André Gide im 78. Lebensjahr
an seinen Freund Achard

moi d'un peu de temps et de beaucoup de patience. Tout bien considéré, c'est à vous seul que je souhaiterais soumettre un petit (ou énorme) problème d'art dramatique, de composition. Il s'agit du <u>Procès</u> de Kafka, que Barrault et moi portons sur la scène. J'y ai travaillé, dans l'enthousiasme, durant des mois. Le texte est achevé. Les répétitions commencent. Et voici que nous doutons à présent si la scène capitale ne doit pas être déplacée. J'estime que la maintenir à la place qu'elle occupe dans le livre (c'est-à-dire : au début) fout tout par terre et fauche d'un coup l'intérêt haletant du spectateur : il <u>n'attend</u> plus rien. Mais n'est-ce pas attentatoire de remanier la composition de Kafka ? Problème. — J'ai grande confiance en votre jugeotte et souhaiterais connaître votre opinion ; mais crains beaucoup de vous embêter ; aussi trouverais-je tout naturel que vous me disiez : désolé, mais le temps me manque...

Affectueusement votre

André Gide

Johann Wilhelm Ludwig Gleim
(1719 – 1803)
Kupferstich J. H. Tischbein sen. pin, G. W. Weise sc. GMD

Halberstadt den 23ten Nov.
1792

An Ihrem Geburtstage, meine Gnädige,
wollt' ich Ihnen, was, recht schönes
schenken, ich suchte, fand aber nichts.
Endlich fiel das beÿgehende Buch mir
in die Hände! Schade dacht' ich, daß
es in einen schönen Band nicht einge-
bunden ist! Nicht Schade, dacht ich, Lui-
se Stolberg zu Wernigerode, sieht,
wie die zu Tremsbüttel [,] auf der
Schale nicht! Und also sagt ich:

Geh! du kleines Buch, und sage:
Luise Stolber[g] deiner Tage
Soll'n über hundert tausend seyn,
Und golden wie der Sonnenschein.

Zwar hab' ichs ganz noch nicht ge-
lesen, und Sie wissen, meine
Gnädige! daß ich einer Dame,
Bücher, die ich nicht ganz gelesen habe,
nicht in die Hände gebe; denn es
könnte doch ein einziges miß-

Johann Wilhelm Ludwig Gleim im 74. Lebensjahr
an Luise Gräfin zu Stolberg-Wernigerode

Halberstadt den 23t Nov. 1792

Zu Ihrem Geburtstage, meine Gnädige, wollt' ich Ihnen, was, recht schönes schenken, ich suchte, fand aber nichts, endlich fiel das beygehende Büchelchen mir in die Hände! Schade dacht' ich, daß es in einem schönen band nicht eingebunden ist! Nicht Schade, dacht ich, die [illegible] [illegible] [illegible], [illegible], wie die [illegible] [illegible] auf der Schale nicht! Und also sagt ich:

Geh! du kleines Buch, und sage:
Dieser [illegible] [illegible] Tage
Sollen über hundert tausend seyn
Und golden wie der Sonnenschein!

[illegible] hab' ichs ganz noch nicht gelesen, und Sie verzeihen, meine Gnädige! daß ich [illegible] [illegible], Sachen, die ich nicht ganz gelesen habe, nicht aus den Händen geben; denn es [illegible] doch ein niedliches [illegible]=

fallendes Wort, im Buche sich finden,
indeß bey diesem [,] mein ich, darf
ich eine Ausnahme machen;
Meinen Sie's, meine Gnädige! nicht
auch, so geben Sie's vorher, ehe
Sie's zu lesen anfangen der
Frau Mutter, zum Durchlesen,
und wenn dann nichts mißfal-
liges sich gefunden hat, dann,
meine Gnädige! gönnen Sie ihm
einen Platz unter Ihren Büchern

Zum Andenken an Ihren

Verehrer

den alten gez. Gleim!

stellendes Wort, im Lande selbst finden,
indess bey Büchern wenn ich denke
ich mir Aufnahme machen?
Meine Liebe, meine gnädige! auch
auch, sie geben Rat machen, sie
stets zu lesen anfangen und
Ihrer Mutter, Ihren Geschwistern,
und wenn dann nicht unfehl-
barer sich gefunden hat, dann,
meine Gnädige! gönnen Sie ihm
einen Platz unter Ihren Büchern
zum Andenken an Ihren

Verehrer
den alten Gleim.

Den beygehenden (. . .) Brief an mich bitt' ich der Frau Mutter, den andern der itzt im Himmel sizenden Luisen Arends zuzustellen, und gütigst zu sagen, daß ich den ersten zurück erhalte!

Außer den Zeitungsnachrichten haben wir nichts Neues! sehn aber wichtigen aus der Gegend, in welcher die Franken plündern, rauben, und stehlen, entgegen! Gott gebe den Preußen und den Heßen den Hohnsprecher in die Hände! Mir hats sehr gefallen, daß der Landgraf die Schandschrift des Hohnsprechers von den Canzeln hat verlesen laßen, das Echo hingegen, gefällt mir nicht

Den beygehenden Marburgischen
Brief an mich habe ich der
Frau Müller, der andern
der ich ein Himmel reizend
Läufchen Arnold Zeichen-
stellen, und gütigst zu
fragen, daß ich den ersten
Gedanken erhalte!
Außer den Zeitungsnachrich-
ten haben wir nichts Neues:
Ich aber möchte aus der
Gegend, in welcher die Fran-
zosen plünderten, wüteten, und
stehlen, entgegen! Gott erhalte
den Kurfürsten und den Erb-
den Hessenfürsten in die
Hände! Mir hat es sehr ge-
fallen, daß der Landgraf
das Schandschrift des Hessen-
ministers von den Kanzeln
hat verlesen lassen, das Ge-
fangen, gefällt mir nicht

die Sprache, der Ton, ist unedel. Ein Herr von Butler soll den Franzosen zum Zweÿkampf ausgefordert, und der Franzose soll dem Deutschen spöttisch geantwortet haben. Ich habe nichts davon gelesen! Schande dem Deutschen und dem Franzosen, beÿde haben sich vergangen, haben ihren Stand verleugnet! Ich wollte dies alles der gnädigen Frau Mutter schreiben, nun ists in Eil, hieher geschrieben, also wirds wohl, noch einmahl zu schreiben nicht nöthig seyn.

Die Tante macht einen tiefen Glückwunschkniks!

die Sprache, der Ton, ist unedel.
Auch Herr von Bülow soll den
Franzosen zum Zweikampf
aufgefordert, und der Franzose
soll dem deutschen Spottlied ge-
antwortet haben. Ich habe nichts
davon gelesen! Schade dem
deutschen und dem Franzosen,
beyde haben sich vergangen,
haben ihren Stand ver-
läugnet! Ich wollte, ich hätte
der gnädigen Frau Mutter
geschrieben, und ihr zu Ge-
hören gesprochen, also würde
wohl, noch einmal zu
sprechen nicht nöthig seyn.
Die Leute macht einen letzten
Glücksnachschritt!

Christoph Willibald Ritter von Gluck (am Spinett)
(1714 – 1787)
nach dem Gemälde von J.S. Duplessis, 1776
Österreichische Nationalbibliothek und Kunsthistorisches Museum Wien

Wienn den 4ten Augußti
1783

Werthester Freund!

Dero Schreiben habe zwar rechtens erhalten, aber nicht das angekündigte Rouge von der hier angelangten Noble Garde zu Handen bekommen, auf der Mauth ist auch kein an mich adreßiertes Paquet angelanget, dahero bitte Sie schönstens sich zu erkundigen was vor ein Verstoß dabei vorgefallen seÿn mag. Damit wir also nicht in neue Verlegenheit bei Überschickung des Geldes versetzet werden möchten, so wird wohl ohne maaßgebung das beste seÿn, wenn Sie solches an mich adreßirtes dem Herrn v. Blumendorf übermachen wollten.
Was die Mattonische Affaire anbelangt so bedaure ich von Hertzen die Herrn Franzosen daß bei Ihnen sogar die Wechsel-Briefe keine Kraft mehr haben, mein gedancken wäre, einen Dockter zu nehmen, und zu bezahlen, damit die Sache einmahl sich endigen möchte, ich habe einen solchen wider Willen gegen die Franzosen gefasset, daß ich Sie nicht mehr in Paris zu sehen verllange, vielleicht Reiße ich einstens, durch, um nach London zu gehen, wohin ich eingeladen bin meine schon verfertigte welsche Opern zu produciren; Ich verharre mit aller Hochachtung.

Werthester Freund!

Dero Ergebenster Diener
gez. Gluck

P.S. Meine Frau läßt sich Ihnen schönstens emphelen.

Christoph Willibald Ritter von Gluck im 70. Lebensjahr
an seinen Freund Franz Kruthoffer in Paris

Wien den 4ten Augusti
1783

Werthester Freund!

Dero Schreiben habe zwar richtig erhalten, aber nicht
das angekündigte Rouge von der hier angelangten Notte
garde zu Handen bekommen, auf der Mauth ist auch
kein an mich adressirtes Paquet angelanget, daher bitte
Sie schönstens sich zu erkundigen wer von ein Verstoß
dabei vorgefallen seyn mag. Damit wir also nicht
in neue Verlegenheit bei Überschickung des Geldes
versetzet werden möchten, so wird wohl ohnmaßge-
bung das beste seyn, wann Sie solches an mich adressirt
dem Herrn v. Kleinmandorf übermachen wollten.
Was die Mattonische affaire anbelangt so bedaure ich
von Herzen die Herren Franzosen daß bei Ihnen
gegen die Wechsel Briefe keine Kraft mehr haben, mein
gedenken wäre einen Doctor zu nehmen, und zu be-
zahlen, damit die Sache einmahl ausgeendiget möchte,
ich habe einen solchen Widerwillen gegen die Fran-
zosen gefasset, daß ich Sie nicht mehr in Paris zu sehen
verlange, vielleicht reise ich einstens, durch, um nach
London zu gehen, wohin ich eingeladen bin meine schon
verfertigte welsche Opern zu produciren; Ich verharre
mit aller Hochachtung.

P.S. Meine Frau läßt
sich Ihnen schönstens
empfehlen.

Werthester Freund

Dero Ergebenster Diener
Gluck

Johann Wolfgang Goethe
(1749 – 1832)
Silberstiftzeichnung von C.A. Schwerdgeburth 1831/32. NFG

Nach einer ganz ruhig und heilsam vorüber gegangenen Nacht finde ich mich, gnädige Frau, in einem Zustande Ihro der Frau Großherzogin Königlichen Hoheit, wenn mir die Gnade dero Gegenwart gegönnt seyn sollte, nicht unziemlich aufzuwarten.

Außer diesem lebhaften Wunsche
des Glückes zu genießen werde zu Gegenwärtigem noch veranlaßt durch die Ankunft eines sehenswerthen Bildes,
einer munter auftretenden *Portia*,
welches auf Befehl unsers gnädigsten Herren, alsogleich ins Museum gebracht werden soll, ich vorher aber, in ruhiger Stunde, zu bequemer Anschauung unserer verehrtesten Fürstin darstellen möchte.

Durch gefällige Vermittlung geneigten Entschluß erbittend

Hochachtungsvoll

Weimar
d. 7. Juli
1829

gehorsamst
gez. JW v Goethe

Johann Wolfgang von Goethe im 80. Lebensjahr
an Henriette Freifrau von Pogwisch in Weimar

Nach einer ganz ruhig und heilsam vorüber gegangenen Nacht finde ich mich, gnädigste Frau, in einem Zustande Ihro der Frau Großherzogin Königlichen Hoheit, wenn mir die Gnade Ihrer Gegenwart gegönnt seyn sollte, nicht unziemlich aufzuwarten.

Außer diesem lebhaften Wunsche das Glück zu genießen wäre zu sagen, vorläufig noch veranlaßt durch die Ankunft eines hochverehrten Bildes, einer neuerlich aufstrebenden [illegible], welches auf Befehl unseres gnädigsten Herrn, ehestens ins Museum gebracht werden soll, ich dächte aber, in ruhiger Stunde, zu bequemer Ansicht unsrer verehrtesten Fürstin darzustellen möchte.

Durch gefällige Vermittlung geneigtesten Entschluß erbittend

Verehrungsvoll

Weimar
27. Juli
1829

gehorsamst
JWvGoethe

Otto Hahn
(1879 – 1968)
STDW

Lieber sehr geehrter Herr Friedrich.

Haben Sie vielen Dank für Ihren freundlichen Brief aus Helsinki. Ich habe mich sehr darüber gefreut; kann Ihnen dabei auch schön danken für Ihr ausführliches Skandinavienbuch. Ich selber war vor ein paar Jahren in dem schönen Helsinki und seiner Umgebung. Ob es in meinem hohen Alter noch einmal wieder dazu kommt, weiss ich nicht. Aber das Beispiel Ihrer 87 [83?] jährigen „wunderbar jungen" Frau Mutter lässt mich vielleicht noch hoffen. –

Mit meinen besten Grüssen bin ich
Ihr sehr ergebener
gez. Otto Hahn

24.III.59

Otto Hahn im 81. Lebensjahr
an den Schriftsteller Hans Eberhard Friedrich in Hamburg

Lieber sehr geehrter Herr Friedrich.

Haben Sie vielen Dank für Ihren freundlichen Brief aus Helsinki. Ich habe mich sehr da zu gefreut; kann Ihnen dabei auch schon danken für Ihr ausführliches Skandinavienbuch. Ich selbst war vor ein paar Jahren in dem schönen Helsinki und seiner Umgebung. Ob es in meinem hohen Alter noch einmal wieder dazu kommt, weiss ich nicht. Aber das Beispiel Ihrer 87 jährigen „wunderbar jungen" Frau Mutter lässt mich vielleicht noch hoffen. –

Mit meinen besten Grüssen bin ich
Ihr sehr ergebener

Otto Hahn

24. III. 59

Gerhart Hauptmann
(1862 – 1946)
Kreidezeichnung von Avenarius. SNM

GRAND HOTEL EXCELSIOR
RAPALLO

Augusto Della Casa

3.2.38.

Sehr geehrter Herr Seuffer!

Ich suche eine der frühesten Schriften von Freud, in der ein Werk von mir, "Hanneles Himmelfahrt", erwähnt ist. Ich kann den Aufsatz oder das Buch - was es auch sein mag - nicht finden. Könnten Sie sich einmal umschauen?

Mit freundlichem Gruss

Gerhart Hauptmann

Gerhart Hauptmann im 76. Lebensjahr
an einen Antiquar

Joseph Haydn
(1732 – 1809)
Gemälde von John Hoppner 1791 (Ausschnitt)
Buckingham Palast, London

– Wie? ist es dann möglich? Das Sie Ihren alten guten
Freund und Diener um Ihre Edle gegenwart Solang
können Seufzen lassen? eine einzige Viertlstunde
Sie zu sehen wird mich glücklich machen.

gez. Jos: Haydn mppria in 74ten Jahr
seines Alters.
1805 den
6 November

Von Hauß in der kleinen Steingasse zu Gumpendorf N:° 73.

Meinen Hand Kuß an die gnädige Frau Mama
und an die allerbeste Frau v Swab.

Joseph Haydn im 74. Lebensjahr
an eine unbekannte Empfängerin

– Wie? ist es denn möglich? daß Sie Ihren alten guten
freund und diener um Ihre hohe gegenwart so lang
können darben laßen? eine einzige viertl stunde
Sie zu sehen wird mich glücklich machen.

Jos: Haydn mppria im 74ten Jahr seines alters 1805 den 6ten Jänner

Von Hauß in der kleinen Steingaße zu Gumpendorf N:ro 73.

Meinen Handkuß an die gnädige Frau Mama,
und an die allerbeste Frau v. Breit.

Erich Hoffmann
(1868 – 1959)

10.5.54.

Sehr verehrter Herr Kollege.

Unter Beilegung eines alten Sep.[aratums], das Sie vielleicht interessieren dürfte (Frkfter med. Woche*), möchte ich Sie als erfahrenen Erblichkeitsforscher über 2 Probleme um gütige Auskunft bitten, nämlich 1) *Erblichkeit der Hautgrübchen*** u. 2) *Erblichkeit der Sommersprossen*. Nachdem ich seit dem letzten Weltkrieg aus meinem Priv. Seminar 38 Dissertationen habe anfertigen lassen – die letzte kam 1954 heraus (erbl. Krausköpfe) –, würde ich obige Themen gern noch vergeben, wenn Sie das für nützlich halten. In Ihren Werken sowie bei *Siemens* wird sich vielleicht etwas finden und wo noch. Über Grübchen hat *A. Charby, Les plês de la peau*, Arch. méd. Toulouse 1905. Ref. Zentr. Bl. norm. Anat. 2, 335(05) publiziert. Das Ztr. Bl. ist im hiesigen Anat. Inst. nicht vorhanden. *Pinkus*, Felix, erwähnt die Grübchen im Jadass. Hdb. Bd. I an mehreren Stellen, sagt aber

---

*) Dort sah u. hörte ich Sie.

**) Lachgrübchen

Erich Hoffmann im 87. Lebensjahr
an den Humangenetiker Otmar von Verschuer in Münster i.W.

PROF. DR. MED. DR. H. C. ERICH HOFFMANN

BONN, AM 10. 5. 54.
BAUMSCHUL-ALLEE 25

Sehr verehrter Herr Kollege.

Unter Beilegung eines alten Sep., das Sie vielleicht interessieren dürfte (Fehler med. Wahl*)), möchte ich Sie als erfahrenen Erblichkeitsforscher über 2 Probleme um gütige Auskunft bitten, nämlich 1) Erblichkeit der Hautgrübchen**) u. 2) Erblichkeit der Sommersprossen. Nachdem ich seit dem letzten Weltkrieg aus meinem Priv. Seminar 38 Dissertationen habe anfertigen lassen – die letzte kam 1954 heraus (erbl. Kraushöpfe) –, würde ich obige Themen gern noch vergeben, wenn Sie das für nützlich halten. In Ihren Werken sowie bei Siemens wird sich vielleicht etwas finden und so noch. Über Grübchen hat A. Charpy, Le plis de la peau, Arch. méd. Toulouse 1905. Ref. Zentr. Bl. norm. Anat. 2, 335 (05) publiziert. Das Ztr. Bl. ist im hiesigen Anat. Inst. nicht vorhanden. Pinkus, Felix, erwähnt die Grübchen im Jadass. Hdb. Bd I an mehreren Stellen, sagt aber

*) Dort habe i. hörte ich bei. **) Lachgrübchen

über Erbstämme nichts. Lohnen sich beide Dissertationen? u. wo findet sich Literatur (vielleicht bereits eine Dr. Arbeit)?

Die Fragen scheinen mir interessant u. leicht lösbar. Man sieht die Wangengrübchen ja oft bei *lachenden* Frauen u. Mädchen. Und Epheliden sind bei Kindern ja oft exzessiv an besonnten Stellen.

Ihr Urteil, auch bei Zwillingen, wird mir sehr wertvoll sein.

Wie gefällt Ihnen Münster u. wie stehts mit dem Nachfolger des tüchtigen Moncorps? Seinen Vater habe ich oft auf unsern Kongressen gesehen u. 1930 in Moskau besucht. Seinen Oberarzt *Blaich* schätze ich, ebenso seinen Assistenten Dr. Reich. Wie geht es Kehrer? Grüssen Sie ihn von mir u. seien Sie selbst herzlich gegrüßt

von Ihrem erg. gez. E. Hoffmann.

über Erbstämme nichts. Lohnen sich beide Kreuzationen? u. wo findet sich Literatur (vielleicht bereits eine Dr.-Arbeit)?

Die Fragen scheinen mir interessant u. leicht lösbar. Man sieht die Wangengrübchen ja oft bei lachenden Frauen u. Mädchen. Und Epheliden sind bei Kindern so oft exzessiv an bestimmten Stellen.

Ihr Material, auch bei Zwillingen, wird mir sehr wertvoll sein.

V Bleich Wie gefällt Ihnen Münster u. wie steht's mit dem Nachfolger des tüchtigen Moncorps? Seinen Vater habe ich oft auf unseren Kongressen gesehen u. 1930 in Moskau besucht. Seinen Oberarzt schätze ich, ebenso seinen Assistenten Dr. Reich. Wie geht es Kehrer? Grüssen Sie alle von mir u. seien Sie selbst herzlich gegrüsst

von Ihrem erg. E. Hoffmann.

Heinrich Hoffmann-Donner
(1809 – 1894)
Gemälde von K.W. Kröner (Ausschnitt). BPK

Herrn Bürgermeister & Senator
Dr Curtius
in Lübeck

Frankfurt aM d. 27 Jan
1879

Mein lieber alter Freund!

ich habe es oft genug erfahren, daß ein Verschieben auf Morgen das größte Hinderniß guter Arbeit und förderlicher Thätigkeit ist, um solches eigentlich nie mehr mir zu erlauben. Wenn es aber doch einmal geschieht, so ist's mir und andern sicherlich zum Ärgerniß. So ging's auch dieses-mal mit dem Brief an Dich; schon längst hätte er in Deinen Händen sein sollen. Nun also Verzeihung! Er kommt, wie Du siehst, doch noch.! –

Du willst Nachrichten von uns; ich gebe sie Dir gern; es werden also diese Zeilen eigentlich egoistisch sein, und nur von mir und den Meinen handeln. –

Vor allem sage ich Dir herzlichen Dank für die liebevollen warmen tröstlichen Worte, die Du mir am 30· Oct gesandt hast. Seitdem ist mancher Tag dahin gegangen, die Trauer ist milder, der Schmerz gelinder geworden, und der trübe Himmel

Heinrich Hoffmann-Donner im 70. Lebensjahr
an den Senator Theodor Curtius in Lübeck

Eingeg. 30. Jan. 79. Beantw. 2. Febr. u. 16. Apr.

Herrn Bürgermeister & Senator

Dr Curtius

in Lübeck

Frankfurt a M. d. 27 Jan 1879

Mein lieber alter Freund!

Ich habe es oft genug erfahren, daß ein Verschieben auf Morgen das größte Hinderniß guter Arbeit und förderlicher Thätigkeit ist, und solches eigentlich nie mehr mir zu erlauben. Wenn es aber doch einmal geschieht, so ist es mir und andern sicherlich zum Ärgerniß. So gieng es auch dießmal mit dem Brief an dich, der längst hätte in deinen Händen sein sollen. Nun also Verzeihung, es kommt, wie du siehst, doch noch! —

Du willst Nachrichten von uns; ich gebe sie dir gern; es werden also diese Zeilen eigentlich egoistisch sein, und nur von mir und den Meinen handeln. —

Vor allem sage ich dir herzlichen Dank für die liebevollen warmen tröstenden Worte, die du mir am 30 Oct gesandt hast. Seitdem ist mancher Tag dahin gegangen, die Trauer ist milder, der Schmerz gelinder geworden, und der trübe Himmel wieder heller –

Es ist ein rechtes Glück, daß ich im Ganzen noch
rüstig genug bin meine Stelle zu versehen.
Dadurch war mir die Möglichkeit gegeben, der
lieben jungen Wittwe [sic!] die neue Lage, in die
sie versetzt worden, leichter erträglich zu machen.
Unsere Wohnung ist so groß, daß ich ohne uns eigentlich
irgendwie zu beschränken (nur ein Bücherregal
mußte ich in mein Schlafzimmer stellen) sie
und ihre 4 Kinder zu uns aufnehmen konnte, und
unser kleinster Duodezhaushalt wurde so über
Nacht ein großer, statt 3 Personen, zählen
wir jetzt *neun;* und statt der Ruhe und schweig-
samen Stille toben 4 Kinder auf ihrem
Corridor, singen und spielen durch's Haus. –

Gott sei Dank! Alle sind wohl, die ältesten
Knaben (10 J. und 7 J.) gehen zur Schule; die anderen
das Mädchen von 4 ½ und der kleinste Bube 2 ½ sind noch
Hausthierchen. Aus dem contemplativen
Großvaterleben bin ich wieder in das aktive
des Familienvaters versetzt; und, o Wunder,
fast glaube ich, mit den größeren Ansprüchen
ist die Thatkraft frisch belebt, trotz meiner
70 Jahre. Und muthig will ich meine Pflicht
thun, und fröhlich, so lange Gott es zulässt.

So wäre dies Alles also gut, wenngleich

machte selber —

Es ist ein rechtes Glück, daß ich im Grunde noch rüstig genug bin meine Stelle zu verwalten. Dadurch war mir die Möglichkeit gegeben, den lieben jungen Witwen die neue Lage, in die sie versetzt worden, leichter erträglich zu machen. Unsere Wohnung ist so groß, daß ich ohne mich eigentlich irgend wie zu beschränken (nur ein Bücherregal mußte ich in mein Schlafzimmer stellen) Sie und ihre 4 Kinder zu mir aufnehmen konnte, und unser kleinster Wirthschaftshaushalt wurde so über Nacht ein großer, statt 3 Personen zählen wir jetzt neun, und statt der Ruhe und schweigsamen Stille toben 4 Kinder auf dem Corridor, singen u. spielen recht laut. — Gott sei Dank! Alle sind wohl, die ältesten Knaben (10 J. u. 7 J.) gehen zur Schule; der andere Mädchen 4 1/2 u. die kleinste bald 2 1/2 sind noch Hausfreuden. Aus dem contemplativen Großvaterleben bin ich mitten in das aktive Familienvaterleben versetzt; und, o Wunder, fast glaube ich, mit den größeren Aufgaben ist die Tatkraft frisch belebt, trotz meiner 70 Jahre. Und unverdrossen will ich meine Pflicht thun, u. fröhlich so lange Gott erlaubt.

So wäre denn alles also gut, wenngleich

der Verlust des trefflichsten Mannes uns allen, der Tochter zumeist, oft schwer genug aufs Herz fällt. –

Mein Sohn, der Dich besuchte ist seit 1 Jahre, zwar noch Aßeßor, vom hiesigen Stadtgericht beurlaubt und als Hülfsarbeiter nach Berlin an das Reichsjustiz-Amt berufen worden. Das ist ehrenvoll gewesen; die Arbeiten sind dort der Anstrengungen werth, und das Gehalt so reichlich, daß er behaglich dort leben kann. Der Urlaub wird ihm auf Requisition von dort hier von Frist zu Frist verlängert, und so geht[s] weiter bis zum 1· Octob. dieses Jahres. – Es ist mir dies ein Beweis, daß er auch dort gern gesehen wird, und zu brauchen ist. – Was dann mit ihm weiter wird, wenn die große Richterwanderung eintritt, müssen wir abwarten. Soviel aber ist sicher, daß seine dortige Stelle, bei den vielen Berührungen und Bekanntschaften mit einflußreichen Personen und Ministern für sein weiteres Geschick nur förderlich sein kann. – Bei dem Todesfall kam er gleich hierher, und auch die Weihnachtstage hat er hier zugebracht; nun unter seinen mannigfachen guten Eigenheiten, mag ich die treueste Anhänglichkeit an das Elternhaus und an die Schwester nicht gering anschlagen. –

der Verlust des trefflichsten Mannes und alles, der [illegible] zumeist, [illegible] auf's Ganz fallen. —

Mein Sohn, der dich besuchte ist seit einem Jahre schon nach Assessor, vom hiesigen Amtsgericht beurlaubt und als Hülfsarbeiter nach Berlin in das Reichsjustizamt ~~als Hülfsarbeiter~~ berufen worden. Das ist ehrenvoll gewesen; die Arbeiten sind dort der Anstrengungen werth, u. das Gehalt so reichlich, daß er behaglich dort leben kann. Die Verlängerung ihm auf Requisition [illegible] ihm von Frist zu Frist verlängert, und so geht's wieder bis zum 1 Octbr dieses Jahres. — Er hat mir dies mal bewiesen, daß er auch dort gern gesehen wird, und zu brauchen ist. — Was dann mit ihm weiter wird, wenn die große Richtersanstellung eintritt, müssen wir abwarten. Soviel aber ist sicher, daß sein dortiges Wesen, bei den vielen Berührungen u. Bekanntschaften mit einflußreichen Personen u. Ministern für sein weiteres Fortkommen nur förderlich sein kann — bei dem Todt[illegible] fallen er gleich hierher, um auch die Weihnachtstage hat er hier zugebracht; [illegible] aus seinen mannichfachen guten Eigenschaften mag ich die treueste Anhänglichkeit an das Elternhaus u. an die Schwester nicht gering anschlagen. —

[illegible]

In Gesellschaften gehn wir hier schon längst nicht mehr; nur Leseabende mit guten Freunden, eine Vorlesung, oder ein Concert in der Stadt nehmen 2 – 3 Abende in Beschlag; die anderen 4 – 5 sitzen wir Alten mit der Tochter Abends in meinem Studierzimmer, und lesen uns vor, und das ist für mich der Lohn und der Preis des arbeitsvollen Tages. Einen reicheren und lohnenderen kenne ich nicht, und wünsche ich nicht. –

Ich begreife nicht, wie so viele Menschen sich über das Alter beklagen und vor dem Alter fürchten. Ich finde in den Lebenseinschränkungen, die es verlangt, so viel Behagliches, Beruhigendes, Friedliches, daß ich, als geborner Optimist, auch diese Lebenszeit für die beste halte, wie noch jede, die ich früher durchmaß; nur die eigentliche Gymnasialzeit ist mir trüb und nicht zufriedenstellend, theils weil ich oft etwas sehr faul war, und weil wir Heillos schlecht unterrichtet wurden und unter unseren Präceptoren aber auch Keiner war, der die Jugend freudigen Sinns in die lichte Welt der Ideale führen konnte. Das waren alles Kerle von unausgebackenem Teige!.

Nun aber grüße mir die trefflichste der Frauen herzlich von mir und den Meinen! Überhaupt von uns aus, und von allen den Meinen soll ich das Freundlichste nach Lübeck schreiben. Sehen wir uns im Sommer hier oder am Rhein? Ich wüßte ein treffliches Plätzchen! –

Mit ganzem Herzen Dein
gez. H. Hoffmann-Donner

Es wäre für mich recht herzstärkend, wenn ich so ein Paar mal im Jahr einen Brief von Dir
erhielte! – ich würde treulich antworten.

In Gesellschaften gehe ich schon längst nicht mehr; nur ab und zu einen Abend mit guten Freunden, eine Vorlesung oder ein Concert nehmen 2–3 Abende in Beschlag; die andern 4–5 sitze ich Alter mit der Tochter Abends in meinem Studierzimmer, wir lesen und [illegible], und das ist für mich der Lohn und der Preis der arbeitsvollen Tage. [illegible] Cigarren mit Colleginnen kenne ich nicht, und vermisse ich nicht. —

Ich begreife nicht, wie so viele Menschen sich über das Alter beklagen und vor dem Alter fürchten. Ich finde in den Lebenseinschränkungen, die es verlangt, so viel Behaglichkeit und ruhige Freudigkeit, daß ich, als geborner Optimist, auch diese Lebenszeit für die beste halte, wie noch jede, die ich früher durchmaß; nur die eigentliche Gymnasialzeit ist mir trüb und nicht zufriedenstellend, weil weil ich oft ebenso sehr faul war, und weil mir Griechisch und Latein unterrichtlos wurden, und unter unseren Praeceptoren aber auch Keiner war, der die Jugend freudigen Sinnes in die lichte Welt der Ideale führen konnte. Das waren alles Kerle von unausgebackenem Teige!.

Nun aber grüße mir die trefflichste der Frauen herzlich von mir und den Meinen! Clementine, u. von allen den Meinen soll ich das Fräulein(?) nach Lübeck schreiben. Sehen wir uns im Sommer hier oder am Rhein? Ich wünsche ein treffliches Plätzchen! —
mit herzlichem Grüßen dein Schottmannmor.

Ricarda Huch
(1864 – 1947)

Jena 13. II 47
Ob. Philosophenweg 72

Sehr geehrter Herr Oberst,
Sie hatten in Ihrem Brief vom 19. Januar die Güte, mir Ihre Hilfe anzubieten; ich nehme Sie [sic!] gern an. Von den Persönlichkeiten, die Sie anführen als Ihnen bekannt, nenne ich Graf v. Sponeck, Oberst Siegfried Wagner, Oberstlt. Kissling u. v. d. Lancken als solche, von denen ich noch garkeine Mitteilung habe. Es wäre also für mich sehr wertvoll wenn Sie mir einen Bericht über sie schicken würden, seien es die Daten ihres Lebens oder nur Ihre persönlichen Eindrücke. Daß Ihr Tagebuch über Ihre Erlebnisse in Moabit für mich eine wichtige Quelle sein würde, brauch ich nicht zu betonen.

In dem ich Ihnen für Ihre Absicht mir behilflich zu sein den wärmsten Dank sage

Ihre
gez. Ricarda Huch

Ricarda Huch im 83. Lebensjahr
– 9 Monate vor ihrem Tode –
an einen Offizier

Jena 13. II. 47
Ob. Philosophenweg 7c

Sehr geehrter Herr Oberst,

Sie hatten in Ihrem Brief vom 19. Januar die Güte, mir Ihre Hilfe anzubieten, ich nehme sie gern an. Von den Persönlichkeiten, die Sie anführen als Ihnen bekannt, nenne ich Graf v. Sponeck, Oberst Siegfried Wagner, Oberstlt. Kiesling g. v. Schenkau als solche, von denen ich noch garkeine Mitteilung habe. Es wäre das für mich sehr wertvoll, wenn Sie mir einen Bericht über sie schicken würden, der, seien es die Daten ihres Lebens oder nur Ihre persönlichen Eindrücke. Daß Ihr Tagebuch über Ihre Erlebnisse in Moabit für mich eine wichtige Quelle sein würde, brauche ich nicht zu betonen.

Indem ich Ihnen für Ihre Absicht mir behilflich zu sein, jetzt schon den wärmsten Dank sage

Ihre
Ricarda Huch

Alexander Freiherr von Humboldt
(1769 – 1859)
Stahlstich von P. Wurster 1847

Hochwohlgeborener Herr,
Hochzugebietender Herr Geh. Staats Minister
für Handel, Gew. und off. Arbeiten,

Ew Excellenz meinen ehrerbietigsten Dank darbietend für so viele herrliche Geschenke, unter denen das leztere, als Schilderung des jezigen Zustandes der Industrie und Kunst-Forschritte, durch unermesslichen Fleiß und Intelligenz in der meisterhaften Redaction lange glänzen und belehren wird, befinde ich mich leider! in der Lage mit einer neuen, ganz gehorsamsten Bitte zu belästigen. Das innige Vertrauen, das ich auf das mir geschenkte hohe Wohlwollen sezen darf, kann allein mir Muth geben, und mich Nachsicht erwarten lassen.

Alexander von Humboldt im 87. Lebensjahr
an einen Minister in Berlin

Hochwohlgeborener Herr
Hochzugebietender Herr Geh. Staats Minister
für Handel, Gew. u. öff. Arbeiten,

Ew. Excellenz meinen ehrerbietigsten Dank darbietend für so viele herrliche Geschenke, unter denen das letzte als Schilderung des jetzigen Zustandes der Industrie und Kunst u. Fortschritte, durch unermeßlichen Fleiß und Intelligenz in der meisterhaften Redaction lange glänzen und belehren wird, befinde ich mich leider! in der Lage mit einer neuen, ganz gehorsamsten Bitte zu belästigen. Das innige Vertrauen, das ich auf das mir geschenkte hohe Wohlwollen setzen darf, kann allein mir Muth geben, und mich Nachsicht erwarten lassen.

Der recht talentvolle Hofbaurath von *Ritgen* in Giessen giebt, durch die allergnädigste persönliche Anregung Sr. Majestät des Königs aufgemuntert, ein merkwürdiges architectonisches Kupferwerk heraus über die, für den Styl des Mittelalters wichtige *Wartburg* vor und nach ihrer Wiederherstellung, in der Berliner Buchh. von *Ernst und Korn.* – Es würde mich sehr glüklich machen, wenn Ew Excellenz einmal, bei Ihren vielen, so erspriesl ichen Geschäften, ¼ Stunde Zeit fänden, um dem Kunsthändler *Ernst* zu erlauben, Ihnen einige Blätter von den Handzeichnungen des Hofbauraths von Ritgen ganz gehorsamst vorzulegen. Vielleicht darf ich mich der Hofnung hingeben, daß Ew Excellenz geruhten, das beabsichtigte Werk gnädigst zu unterstüzen. Aehnliche Unternehmungen haben so oft schon diese wohlthätige Hülfe genoßen.

Mit innigster und dankbarster Verehrung
Ew Excellenz
ganz gehorsamster
gez. Al. v. Humboldt

Berlin,
d. 9 Sept
1856

Der recht talentvolle Hofbaurath von Ritgen in Giessen giebt, durch die allergnädigste persönliche Anerkennung Sr. Majestät des Königs aufgemuntert, ein merkwürdiges architectonisches Prachtwerk heraus über die, für den Styl des Mittelalters wichtige Wartburg vor und nach ihrer Wiederherstellung, in der doppelten Ansicht von Ernst und Zorn. ~~Erwar~~ – Es würde mich sehr glücklich machen, wenn Ew. Excellenz einmal, bei Ihren vielen ~~und~~ so ernsthaften Geschäften, 1/4 Stunde Zeit fänden, ~~um~~ dem Kunsthändler Ernst zu erlauben, Ihnen einige Blätter von den Handzeichnungen des Hofbauraths von Ritgen ganz gehorsamst vorzulegen. Vielleicht darf ich mich der Hoffnung hingeben, daß Ew. Excellenz geruhten, das beabsichtete Werk gnädigst zu unterstützen. Aehnliche Unternehmungen ~~haben~~ ~~sonst~~ so oft schon diese wohlthätige Hülfe genossen.

Mit innigster und dankbarster Verehrung,

Ew. Excellenz

Berlin, d. 9 Sept. 1836

ganz gehorsamster
Al. v. Humboldt

Berlin Freitags

Ihr Brief, theurer Herr Gustav Wiemann,
hat mir grosse Freude gemacht. Frei-
lich weiß ich nichts von des edlen Friesen Le-
bensverhaltnissen, aber seine Personlichkeit
und seine ausgezeichneten Kenntnisse hatten einen
so tiefen Eindruck auf mich gemacht, dass
in meinem Essai politique La Nouvelle
Espagne erste Auflage 1808 also 6 Jahre vor
seiner Ermordung und in der zweiten Ausgabe
1825 sein Name mit grossem Lobe
mehrmals, selbst im Register
genannt ist. Ich bin es dem edeln
sich hinopfernden Freunde schuldig
daß auch jezt ein Zeugniß sei-
ner gedrukt werde. Ich wurde [würde] gern
einen einfachen Brief *an Sie* richten
als Antwort auf die Nachricht die
Sie mir über die Gedenkschrift
zuerst gaben. Ware [Wäre] denn nicht zu
erlangen daß die „Deutsche Thurnzeit[ung]"
die Paar Blatter mit dem Bilde
besonders verkaufen liesse. Eben sagt
mit mein Neffe der Gen. der Caval
v. Hedemann er habe Friesen 1812
viel gesehen als *Lehrer* einer hiesigen
Schule. (?) Zu meiner Zeit des Aufent-
halts in Berlin (Nov. 1805 – Frühjahr
1807) war er Baucandidat. Sollte er keine
nahe Verwandten hinterlassen haben. [?]

Wollen Sie mir die Freude Ihres
Besuchs Sonntag um 2 Uhr schenken.
Sollten Sie Fraulein Ludmilla
fruher als ich sehen, so erneuern Sie
mein dankbarstes Andenken bei
dieser geistreichen und so liebens-
wurdigen Dame. Unwohlsein hat
allein mich hindern konnen
mich noch nicht bei der,
mir immer so Wohlwollenden
zu zeigen.

Hochachtungsvoll
Ihr
gehorsamster

Alexander von Humboldt im 90. Lebensjahr
– etwa 5 Monate vor seinem Tode –
an Gustav Wiemann in Berlin

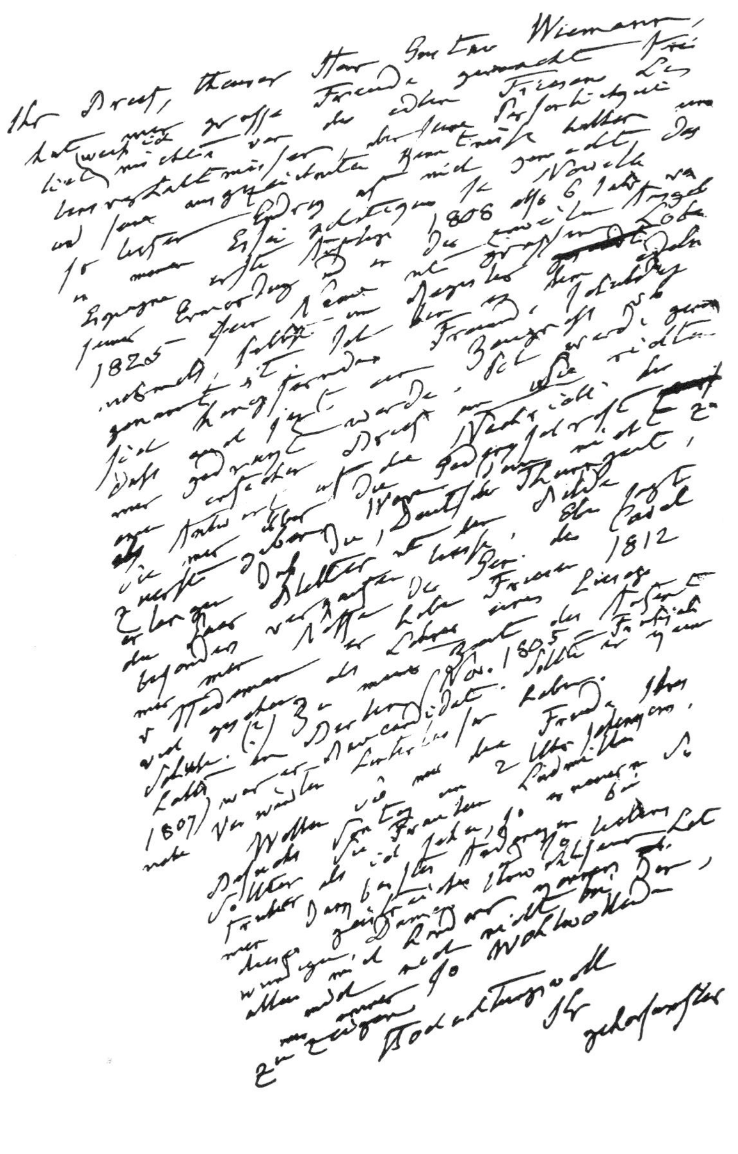
Ihr Brief, theurer Herr Gustav Wiemann, hat mir große Freude gemacht

Leoš Janáček
(1854 – 1928)

Milostivá!

Děkuji Vám za dopis.
Ať se Vám vše dobře zda-
ří.

Překlad můžete si udělat
„mundgerecht"!

Na chvilku budu v čer-
venci v Luhačovicích.

S pozdravem Vám
oddaný

Brno, 13/VI 1928 gez. Dr. ph. Leoš Janáček

Gnädige Frau!

Ich danke Ihnen für den Brief. Möge Ihnen
alles gut gelingen.

Die Übersetzung können Sie „mundgerecht" machen!

Für ein Weilchen werde ich im Juli in Luhazovice sein.

Mit Gruß
Ihr
Ihnen ergebener
gez. Dr. ph. Leoš Janáček

Brünn, 13. Juni 1928

Leős Janáček im 74. Lebensjahr
– wenige Wochen vor seinem Tode –
an eine Dame

DR. PH. LEOŠ JANÁČEK
BRNO

Milostivá!

Děkuji Vám za dopis.
Ať se Vám vše dobře píše.

P.S.!
„Překlad musíte si udělat
„mundgerecht"!

na chvilku budu v Čechách,
venku v Luhačovicích.

S pozdravem Vám
oddaný

Brno, 13/VII 1928 Dr. ph. Leoš Janáček

Immanuel Kant
(1724 – 1804)
Stich von Karl Barth, nach Stobbe

Des
Herren Doctor Friedlaender
Wohlgeb.

Zu meiner Bitte, in dem Ihnen ergebenst zugestellten Promemoria, habe ich, ausser dem Wunsch einer glücklichen Reise, nichts weiter hinzu zu setzen, als: daß Sie die Güte haben wollen, mir durch den ersten Brief, den Sie nach Ihrer Ankunft in Berlin hierwärts abgehen lassen, nur mündlich wissen zu lassen, ob mein Stück für die Berl. M.S. noch zur rechten Zeit beÿ Herrn D. Biester angelanget seÿ: wobeÿ ich mit aller Hochachtung und Bereitwilligkeit zu Gegendiensten bin

Königsbg.
10 Märtz
1797

Ihr
ergebenster
gez. I Kant.

Immanuel Kant im 73. Lebensjahr
an Michael Friedländer in Königsberg

Zu meiner Bitte, in dem Ihnen ergebenst zugestellten Pro memoria,
habe ich außer dem Wunsch einer glücklichen Reise, nichts weiter
hinzu zu setzen; als: daß Sie die Güte haben wollen, mir gleich
den ersten Brief, nach Ihrer Ankunft in Berlin hierwärts

freundlich abgehen zu lassen, und wissen zu lassen, ob mein Mscpt für die Berl.
M. S. noch zur rechten Zeit bey Herrn D. Biester angelanget sey;
wobey ich mit aller Hochachtung und Bereitwilligkeit zu Gegendiensten bin

Ihr
ergebenster
I Kant.

Königsb.
d. 10 März
1797

Friedrich Gottlieb Klopstock
(1724 – 1803)
Kupferstich ohne Namen des Stechers

Hamb. den 18ten Jan. 1800

Endlich gefunden, u. zwar nachdem
ferneres Suchen schon aufgegeben
war. Aber so gut geht mir
es nicht immer. Wie geht es
Ihnen bey diesen Mühselig-
keiten? Oder haben Sie ihrer
vielleicht nicht? Ist das
lezte; so verhärten Sie
gleichwol Ihr Herz nicht
gegen mich, u. haben
Mitleiden mit mir.

Suave me magno – –
Jezt ein paar Fragen: Wann
wird Herders Zweyter Gang
gegen die kant[ischen] Commonsense-

Friedrich Gottlieb Klopstock im 76. Lebensjahr
an Johann Wilhelm Ludwig Gleim

Hamb. den 18t Jan. 1800

Endlich gefunden, u. zwar nachdem ferneres Suchen schon aufgegeben war. Aber so gut geht mir es nicht immer. Wie geht es Ihnen bey diesen Mühseligkeiten? Oder haben Sie keine vielleicht nicht? Ist das letzte; so verhärten Sie gleichwol Ihr Herz nicht gegen mich, u haben ~~mit~~ Mitleiden mit mir.

Suave mari magno — —

Jetzt ein paar Fragen: Wo wird Herders zweyter Gang gegen die Kant. Comonsense=

Stürmer erscheinen? Flattern diese nicht auch gegen Ihn an? Doch wie konte ich *Flattern* sagen. Ihre Ichheiten sind ja nicht wenig schwerfällig. – Haben Sie schon etwas von der fortgeführten Ilias gesehen? – Sie reden am Schlusse Ihres lezten von den Genien an meinem Heerde. Hierbey fällt mir ein Sie zu fragen: Habe ich Ihnen schon etwas von meiner Hausgöttin gesagt. [?] Unten steht: *Die Unparteilichkeit, beyde Seiten betrachtend.* Oben sieht es so räucherich aus, wie es in einem nun schon alten Lararium aussehen muß

Der Ihrige
gez. Klopstock

Stürmer erschienen? Flattern
diese nicht auch gegen Ihn
an? Doch wie konte ich
flattern sagen. Ihre Sch= wenig
heiten sind ja nicht Schwer=
fällig. — Haben Sie schon
etwas von der fortgesetzten
Hier gesehn? — Sie re=
den am Schlusse Ihres
letzten von den Genien
an meinem Heerde. Hier=
bey fällt mir ein Sie zu
fragen: Habe ich Ihnen
schon etwas von meiner
Hausgöttin gesagt. Unten
steht: Die Unpartheilich=
keit, beyde Seiten be=
trachtend. Oben sieht es so
räucherich aus, wie ein
einem neu schon alten
Lararium aussehen muß
Der Ihrige
Klopstock

Karl Ludwig von Knebel
(1744 – 1834)
Bleistiftzeichnung von Fritz Ries 1825. FDH

Freitag den 25. Merz 1825.

Glauben Sie nur, theurer Freund, die Flammen Ihres Theaterhauses haben auch zu uns herübergeschlagen, und uns in Unruhe und Schrecken versetzt. Es ist ein grosser Verlust für Weimar, da mit dem Vergnügen gegenwärtiger Zeit, auch der Genuß voriger Jahre erlöscht ist.

Den guten Göthe bedaure ich; *doch ist mit dem Gebäude sein Ruhm nicht verbrannt* – den die Folge der Zeit auch schwerlich ersezen dürfte.

Es ist lobenswürdig daß an den Ersaz des Verlustes so bald schon gedacht worden ist, und ohne Zweifel werden die Finanzen dazu schon bereit stehen; wozu doch ein Rußischer Beitrag sehr zu erwünschen seÿn dürfte.

Uebrigens scheinen die Elemente in dieser Zeit nicht sonderlich günstig zu seÿn, und was nicht ersäuft werden kann, mag verbrannt werden.

Was meine gichtischen Zufalle anbetrift, so scheint ihnen nur gelindere Luft, und etwas mehr äußere Bewegung zu fehlen – und so hoffe ich mit den Frühlingstagen befreit zu werden. In meinen Jahren muß man auf dergleichen Zufälle schon bereit seÿn. – In diesen Tagen hat sich ein nicht gemeiner

Karl Ludwig von Knebel im 82. Lebensjahr
an einen Freund in Weimar

Freitag den 25. März 1825.

Glauben Sie mir, theurer Freund, die Flammen Ihres Theaterhauses haben auch zu uns herübergeschlagen, und uns in Unruh und Schrecken versetzt. Es ist ein großer Verlust für Weimar, da mit dem derjenigen gegenwärtiger Zeit auch der Genuß voriger Jahre erlöscht ist. Den guten Geist bedauert; doch ist mit dem Gebäude sein Ruhm nicht verbrannt — den die Folge der Zeit auch schwerlich verzehren dürfte.

Es ist lobenswürdig daß an den Ersatz des Verlustes so bald schon gedacht worden ist, und ohne Zweifel werden die Finanzen dazu schon bereit stehen; wozu doch ein Russischer Beitrag sehr zu erwünschen seyn dürfte. Übrigens scheinen die Elemente in dieser Zeit nicht sonderlich günstig zu seyn, und was nicht ersäuft werden kann, mag verbrannt werden.

Was meine gichtischen Zufälle anbetrifft, so scheint ihnen nur gelinder Luft, und etwas mehr äußere Bewegung zu fehlen — und so hoffe ich mit den Frühlingstagen befreit zu werden. In meinen Jahren muß man auf dergleichen Zufälle schon bereit seyn. — In diesen Tagen hat sich ein nicht gemeiner

Zufall bei uns ereignet, nemlich daß ein schön geschnittener Stein, im Ring gefaßt, in der Auktion zum Verkauf kam. Er stach mir sehr in die Augen, und als ich den Nahmen *Heckert* darunter eingeschnitten fand, war ich noch mehr von seiner Ernstlichkeit überzeugt. Jedoch da meine Finanzen nur gar wenig für Luxus und Modeartikel zu verwenden haben, so hofft ich ihn mit 6 – oder 7. Thaler, (auf die Unwissenheit der Gesellschaft rechnend) zu erstehen. Er fiel aber weg, und kam zum Glück noch dem Oberst Lÿnker zum Besiz – wo ich ihn dann doch öfters sehen werde. Er stellt einen Alexanderkopf dar, mit dem Ammonshorn, haut relief.

M. Bran versorgt mich noch zuweilen mit einigen französischen Neuigkeiten, sonst rechne ich immer auf Ihre Güte.

Zu meiner Befriedigung fand ich kürzlich eine Kritik des *Islaor*, die mit der meinigen vollkommen übereinstimmt. Sie sagt, man könne den Verfasser des Alonzo kaum darin erkennen, und es schiene, daß, wenn sich dergleichen Schriftsteller zu religiösen Vorstellungen begäben, das Genie vor ihnen entfliehe.

Leben Sie wohl, theurer Freund, und bleiben Sie uns immer gewogen!

Mit aufrichtigem Herzen

der Ihrige gez. Knebel.

Mein Karl befindet sich bei seiner neuen
Verbindung recht glücklich . . .

Empfelen Sie mich doch an Göthe. Ich habe von einem nicht unverständigen Freunde den Versuch einer *Chÿmie* in *Hexametern* erhalten. Ich muß diese Poesie erst mit *Döbereiner studieren*, um irgend ein Urtheil zu fällen. . . .

Zufall bei uns vorigen, nemlich daß ein Steingeschnittener Stein, ein Ring gefaßt, in der Auktion zum Verkauf kam. Er stach mir sofort in die Augen, und als ich den Nahmen Heckert darunter eingeschnitten fand, war ich bald sehr von seiner Ächtheit überzeugt. Jedoch da meine Finanzen nur gar wenig für Luxus und Modeartikel zu verwenden haben, so sah ich ihn mit 6 oder 7. Thaler, bis die Unwissenheit der Gesellschaft verschwand zu erstehen. Er fiel aber weg, und kam zum Oberst Lyiber zum Besitz — wo ich ihn dann doch öfters sehen werde. Er stellt einen Alexanderkopf vor, mit den Ammonshorn, haut relief.

Ich war versucht mich nur zuweilen mit einigen französischen Neuigkeiten, sonst gehe ich immer auf Ihren Gütern.

Zu meiner Befriedigung fand ich kürzlich eine Kritik des Iklaar, die mit der Meinigen vollkommen übereinstimmt. Er sagt, man könne der Verfasser der Alonzo kaum darin erkennen, und er sagt, daß, wenn sich deutsche Schriftsteller zu religiösen Vorstellungen erhöhen, das Genie von ihnen entfliehe.

Leben Sie wohl, theurer Freund, und bleiben Sie mir immer gewogen!

Mit aufrichtigem Herzen

Der Ihrige Runold.

Mein Carl empfiehlt sich bei seiner neuen Verbindung recht glücklich...

Empfehlen Sie mich doch an Göthe. Ich habe von einem mir unverständigen Freunde den Versuch einer Chymie in Hexametern erhalten. Ich muß diesen Versuch erst mit Lucretius studieren, um irgend ein Urtheil zu fällen...

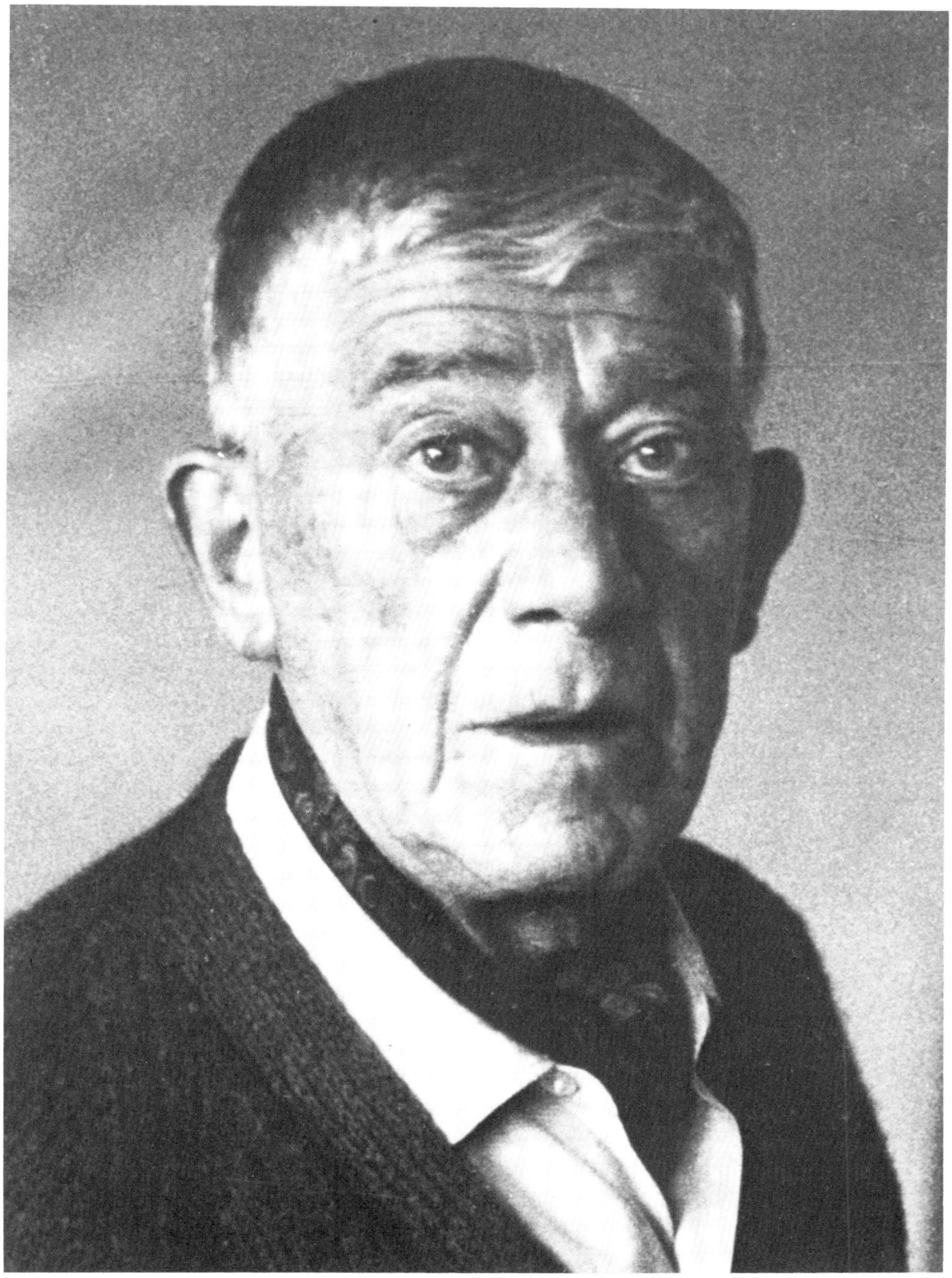

Oskar Kokoschka
(1886 – 1980)
Fotografie aus 1963. BPK

9.3.68

Sehr geehrter lieber Herr
Fred Siegenthaler

Ich war sehr gerührt über
Ihre schöne Idee [,] mir zum
Geburtstag ein von Ihnen
gearbeitetes Papier mit
meiner Signatur als Wasser-
zeichen zu schenken. Von allen
Dingen, die man bei solchen
Anlässen geschenkt erhält,
war mir Ihre Gabe die liebste,
die kostbarste [,] denn schönes
Papier regt mich zur Arbeit an.
Sobald ich wieder Etwas ver-

Oskar Kokoschka im 83. Lebensjahr
an Fred Siegenthaler in Birsfelden (Schweiz)

O. KOKOSCHKA
VILLENEUVE (VAUD)
Suisse
Tél. (021) 60 13 12

9.3.68

Sehr Geehrter Lieber Herr
Fred Siegenthaler

Ich war sehr gerührt über
Ihre schöne Idee mir zum
Geburtstag ein von Ihnen
gearbeitetes Papier mit
meiner Signatur als Wasser-
zeichen zu schenken. Von allen
dingen, die man bei solchen
anlässen geschenkt erhält,
war mir Ihre Gabe die liebste,
die wertvollste denn schönes
Papier regt mich zur Arbeit an.
Sobald ich wieder Etwas ver-

verlegen kann, werde ich
auf Ihren freundlichen Vorschlag verweisen [,] doch bäte
ich in einem solchen Falle [,]
dass Sie mit dem Verleger eine
geschäftliche Abmachung
treffen würden [,] falls es möglich ist.

Nochmals vielen herzlichen
Dank für Ihre schöne Idee
und schöne Arbeit und Ihre
guten Wünsche, die ich ebenso
herzlich erwiedere

Ihr gez. Oskar Kokoschka

verlegen kann, werde ich
auf Ihren freundlichen Vor-
schlag verzichten doch hätte
ich in einem solchen Falle
daß Sie mit dem Verleger eine
geschäftliche Abmachung
treffen würden falls es möglich ist.
Nochmals vielen herzlichen
Dank für Ihre schöne Idee
und schöne Arbeit und Ihre
guten Wünsche, die ich ebenso
herzlich erwidere

Ihr Oskar Kokoschka

Isolde Kurz
(1853 – 1944)

München, 27. Jan. 34
Ainmillerstr. 18

Sehr geehrter Herr Doktor!

Mein vertrackter Husten (?), mich gerade über meinen Geburtstag und die anschliessenden Wochen in die Klinik begeben zu müssen, brachte es mit sich, dass die überschwengliche Flut der Geburtstagsgrüsse mich vielfach erst nachträglich erreichte. Da erfand ich mir zu einer geheimnisvollen Weinsendung aus Bremen das Märchen, „Roland der Riese vorm Rathaus zu Bremen“ habe meinen ihm vor langen Jahren abgestatteten Besuch durch zwei Flaschen köstlichen Gewächses aus dem berühmten Ratskeller, der mir aus unserem Hauff bekannt ist, erwidert. Erst zu Hause fand ich dann das Kärtchen das den Absender nannte. Die lange Rekonvaleszenz möge meine Entschuldigung sein, dass sich der Dank so sehr verzögert hat.

Ich bin nun freilich, da die Geburtstagsgäste fehlen, auf den Alleingenuss des edlen Tropfens angewiesen, werde aber den ersten Kelch dankbar auf die Gesundheit des liebenswürdigen Spenders leeren.

Herzlich grüssend
gez. Isolde Kurz

Isolde Kurz im 81. Lebensjahr
an Otto Wiedemann in Bremen

München, 27. Jan. 34
[illegible]str. 18

Sehr geehrter Herr Doktor!

Mein verspäteter Dank, weil ich gerade über meinen Geburtstag u. die anschließende Woche in die Klinik begeben zu müssen, bewirkte es mir, dass die überraschenden Teil der Geburtstagsgrüsse mich vielfach erst nach Tagen erreichte. So empfand ich mit zu einer geheimnisvollen Verbindung aus Bremen des Märchens, "Roland der Riese vom Rathaus zu Bremen" habe meinen ihm vor langen Jahren abgestatteten Besuch dessen gern' Flaschen köstlichen Getränkes aus dem berühmten Ratskeller, die mir aus [illegible] Schrift bekannt ist, erwidert. Erst zu Hause fand ich Sie als [illegible] in dem Absender. Die lange Rekonvaleszenz möge meine Entschuldigung sein, dass ich den Dank so sehr verzögert habe.

Ich bin zwar freilich, da die Geburtstagsgäste fehlen, auf den Alleingenuss der edlen Tropfen angewiesen, werde aber das erste Glas [illegible] auf die Gesundheit des liebenswürdigen Spenders leeren.

Herzlich grüssend

Ricarda Huch

Gottfried Wilhelm Freiherr von Leibniz
(1646 – 1716)
Zeitgenössischer Stich von Bernigeroth (1703) nach dem „Scheidtz 1703" bezeichneten Ölbild. BPK

Vir Clarissime Fautor Honoratissime

Grata sunt quae de novis Ethnicis (?) memoras.
Tuum πρὸς αὐτὸν in loco Aeliani prae
ceteris placet. Berglerus fortasse utilius
laboret in operibus componendis, quam in docenda
juventute

De Collierii libro contra existentiam rerum
externarum nondum quicquam audiveram.
plerique risu dignum judicabunt, ut Berkeleyi [librum]. Verum
enim est corpora non esse substantias, sed aggregata
sed non ideo sunt non-Entia. Malebranchius
qui nuper obiit Has miras cogitationes istis
hominibus injecit.

Non dubito quin pro judicio tuo de Etymologico
Gudiano ad Dr. Menkenium ita scripseris, ne
quid in eo Guelfebytanis nostris displiceat.

Dic quaeso quid ille Hantelmannus, atque (?)
ubi agat, et quos libros meos habeat; et
quibus argumentis doceri possit meos esse
Si Welfebyti agit per amicum ab eo peti poterunt
libri. quod superest vale atque fave. Datum
Hanoverae 4 November 1715

deditissimus

sign. G. G. Leibnitius

Hochangesehener Herr, sehr geehrter Gönner!

Willkommen ist mir das, was Sie über die neuen ethnischen Probleme (?) erwähnen. Ihre [Konjektur] πρὸς αὐτὸν [= gegen ihn] an der Aelian-Stelle gefällt mir ausgezeichnet. Bergler würde vielleicht nützlicher an der Zusammenstellung (Vergleichung?) der Werke (?) tätig sein als in der Unterweisung der Jugend.

Von Colliers Buch gegen die Existenz der äusseren Dinge habe ich noch nichts gehört. Die meisten werden dies nur des Lachens wert halten wie [das Buch] Berkeleys. Wahr ist nämlich, daß die Körper nicht Substanzen sind, sondern Aggregate, aber sie sind deswegen nicht Nicht-Seiendes. Malebranche, der unlängst verstorben ist, hat solche wunderliche Gedanken diesen Männern eingegeben.

Ich zweifle nicht, daß Sie nach Ihrem Urteil über das Etymologicum Gudianum so an Dr. Mencke geschrieben haben, daß nichts darin unseren Wolfenbüttlern mißfällt.

Sagen Sie bitte, was jener Hantelmann treibt und wo er lebt und welche von meinen Büchern er hat und mit welchen Argumenten er belehrt werden kann, daß sie mir gehören. Wenn er in Wolfenbüttel lebt, wird man durch einen Freund die Bücher von ihm erbitten können.

Zum Schluß nun leben Sie wohl und bleiben Sie mir gewogen.

Hannover, 4. November 1715

Ihr sehr ergebener
gez. G. G. Leibniz

Gottfried Wilhelm Freiherr von Leibniz im 70. Lebensjahr
an Johann Christian Biel in Braunschweig

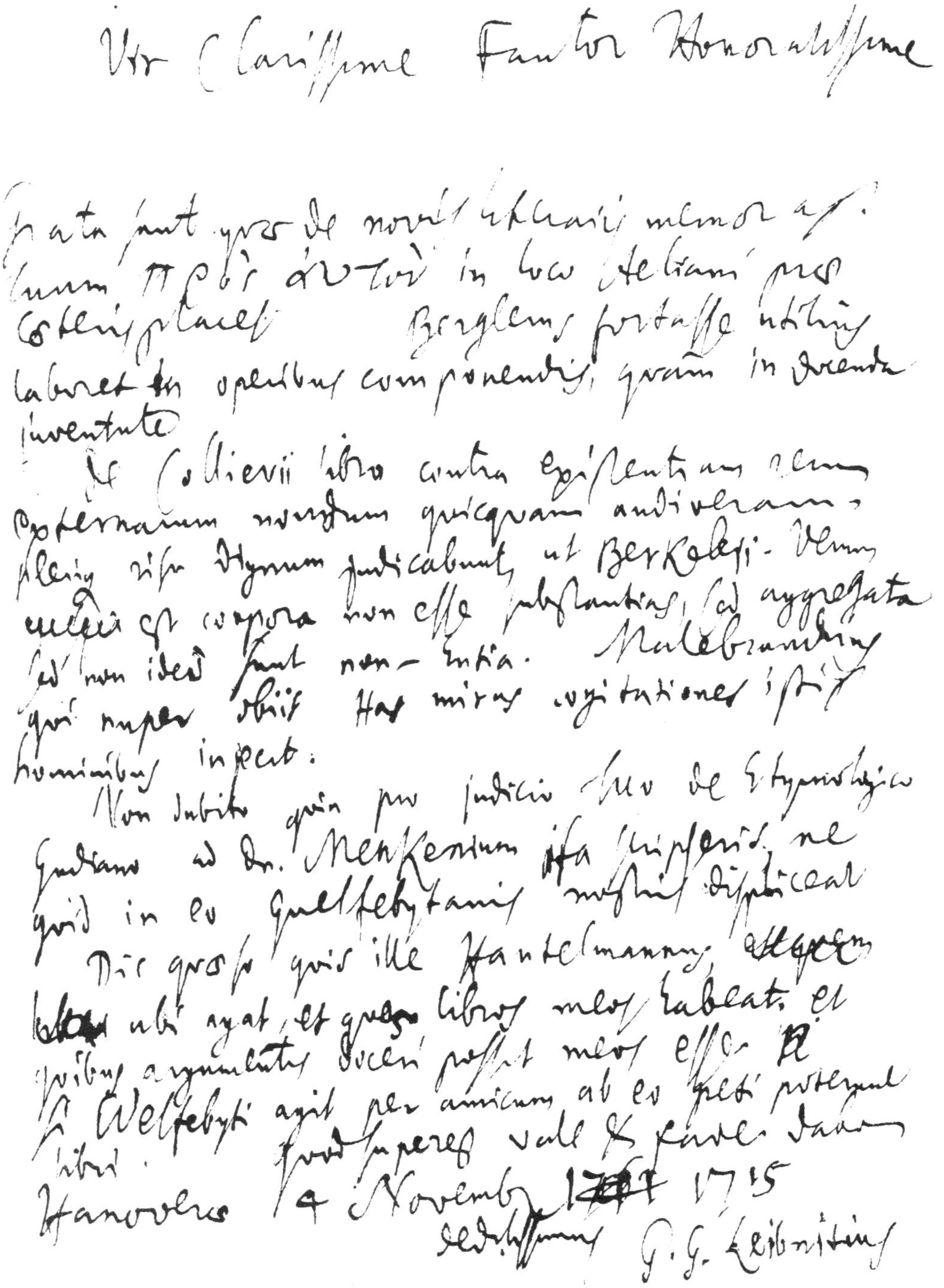

Vir Clarissime Fautor Honoratissime

Grata sunt quae de novis literariis memoras. Sed linum πρὸς ἀυτοῖ in loco Aeliani mea correctio placet. Berglerus fortasse utilius laboret in operibus componendis, quam in docenda juventute.

De Collierii libro contra existentiam corporum externorum nondum quicquam audiveram. Plerique ipso dignum judicabunt, ut Berkeleji. Verum credo corpora non esse substantias, sed aggregata sed non ideo sunt non-entia. Malebranchius qui nuper obiit has miras cogitationes istis hominibus injecit.

Non dubito quin pro judicio tuo de Etymologico Gudiano ad Dn. Menkenium ita scripseris, ne quid in eo Guelfebytanis nostris displiceat.

Dic quaeso quis ille Hantelmannus, et ubi agat, et quomodo libros meos habeat et quibus argumentis doceri possit meos esse. Et si Welfebyti agit per amicum ab eo peti poterunt libri. Quod superest vale et fave. Dabam Hanoverae 4 Novemb. 1715

deditissimus G. G. Leibnitius

Franz von Liszt
(1811 – 1886)
Fotografie aus 1884. BPK

Hochverehrte, liebste Cousine,

Niemand kann so wie die Tochter
Marie, und der Sohn Franz,
und ich, Ihren tiefen Schmerz
mitempfinden. Dass Eduard
nicht mehr mit uns weilt [,]
ist für mich eine beständige
Herzens Trauer.

Freundschaftlichsten Dank
für ihre [sic!] lieben Zeilen. Sagen
Sie unsern Freund Bösendorfer,
der Ihnen diese paar Worte überbringt,
aufrichtig, ob ich, ohne Sie im geringsten

Franz von Liszt im 69. Lebensjahr
an Henriette von Liszt in Wien

Hochverehrte, liebste Cousine,

Niemand kann so wie die Tochter Marie, und der Sohn Franz, und ich, Ihren tiefen Schmerz mitempfinden. Daß Eduard nicht mehr mit uns weilt ist für mich eine beständige Herzens Trauer.

Freundschaftlichsten Dank für ihre lieben Zeilen. Sagen Sie unsern Freund Bösendorfer, der Ihnen diese paar Worte überbringt, aufrichtig, ob ich, ohne Sie im geringsten

zu stören, bei meinem nächsten
kurzen Aufenthalt in Wien (wahrscheinlich
Ende März) wieder bei Ihnen
wohnen darf?

Von Herzen grüsst ihre [sic!] lieben
Kinder, Eduard und Hedwig,

Ihr ergebenster Cousin
gez. F. Liszt

20ten Januar, 80-
Budapest.

zu stören, bei meinem nächsten
kurzem Aufenthalt in Wien. (Wahrscheinlich
Ende März) wieder bei Ihnen
wohnen darf?

Von Herzen grüsst ihre lieben
Kinder, Eduard und Hedwig.

Ihr ergebenster Cousin

F. Liszt

20ten Januar, 80 –

Budapest.

John Locke
(1632 – 1704)
Stich von W. Smart

For his much honoured friend
M[r] Burnet
in London

Oates 2 May 1700

I here with returne you M[r] Leibniz's papers which you did me the favour to send me and which by your letter of 13th of April, which accompanied them, I finde I shall have a more convenient opertunity to discourse with you about when I have the honour to see you in town. If in the mean time you have an opertunity of writing to that very learned and civil Gentleman I desire you to give him my most humble service and let him know how much I value the honour he [Leibniz] does me in bestowing any part of his time and thoughts upon what I have writ[-] [ten and] think the pains I have mislaid on my scriblings not wholy lost if [they] might serve to excite him to write a just treatise on a subiect which he has soe maturely considered, and which I have made soe imperfect an Essay upon.

As to the businesse you mention to me in yours of the 14th of April I received not your letter (which I perceived should have come by your Lady you mention in it) till above a weeke after her returne to town.
Soe that the answer you had by her, before yours came to my hand, makes you, I suppose, expect nor thing farther in answer to that commission from you then to me, which was over before I received ist. The Gentleman from whom you will receive this brought me yours. He will assure you how ready I shall be to serve you on all occasions and how much I am

Sir
Your most obedient
humble servant
sign. J Locke

An seinen sehr geehrten Freund
M[r.] Burnet
in London

Oates, 2. Mai 1700

Anliegend die mir von Ihnen liebenswürdigerweise geschickten Abhandlungen des Herrn Leibniz zurück. Ich meine, wir werden eine bequemere Möglichkeit haben, darüber und über Ihren Begleitbrief vom 13. April zu sprechen, wenn ich die Ehre habe, Sie in der Stadt zu sehen. Falls Sie inzwischen Gelegenheit finden, an diesen bedeutenden Gelehrten und kultivierten Mann zu schreiben, so wollen Sie ihm bitte meine ergebenste Bereitschaft zu allen Diensten übermitteln. Lassen Sie ihn auch wissen, wie hoch ich die Ehre schätze, die er mir durch Gewährung eines Teils seiner Zeit und seiner Gedanken über meine Schrift zuteil werden lässt; ich halte die Mühen, die ich an meine Schreiberei gewandt habe, für nicht ganz verloren, wenn sie ihn zur Niederschrift einer rechtschaffenen Abhandlung anzuregen vermocht hat über ein Thema, das er so reiflich erwogen hat – und worüber ich einen so unvollkommenen Essay vorgelegt habe.

Was die in Ihrem Brief vom 14. April erwähnte Sache betrifft, so habe ich Ihr [vorhergehendes] Schreiben (das mich wohl durch die von Ihnen erwähnte Dame hatte erreichen sollen) erst über eine Woche nach Rückkehr der Dame in die Stadt erhalten.

Vermutlich haben Sie nach dem, was Ihnen von der Dame gesagt wurde – bevor ich noch Ihren Brief in Händen hatte –, keine weitere Antwort in dieser Angelegenheit erwartet, die nun ja inzwischen bereits „gelaufen“ war. Der Überbringer dieser meiner Zeilen hat mir auch Ihren Brief gebracht. Er wird Ihnen versichern, wie bereitwillig ich Ihnen immer zu Diensten stehe

und wie sehr ich bin
Ihr gehorsamster und ergebenster
gez. J. Locke

John Locke im 68. Lebensjahr
an Mr. Burnet in London

Oates 2 May 1700

I here with returne yu Mr Leibniz's papers wch yu did me the favour to send me & wch by yr letter of 13th of April, wch accompanied them I finde I shall have a more convenient oportunity to discourse with yu about when I have the honour to see yu in town. If in the mean time ~~it~~ yu have an oportunity of writeing to that very learned & civil Gentleman I desire yu to give him my most humble service & let him know how much I value the honour he does me in bestowing any part of his time & thoughts upon what I have writ

r a -- think the pains I have ~~bestowd on them~~ misplaced on my scriblings not wholy lost if

might serve to excite him to write a just treatise on a subject wch he has soe maturely considerd, & wch I have made soe imperfect an Essay upon.

As to the businesse yu mention to me in yrs of the 14th of April I received not yr letter [wch I perceived should have come by ye Lady yu mention in it] ~~I received it not~~ till above a weeke after her returne to town. Soe that the answer yu had by her, before yrs came to my hands, makes, yu ~~I am~~ suppose, expect noe thing farther in answer to that commission from yu, wch was over before I received it. The gentleman from whom you then to me, wch yu will receive this brought me yours. He will assure yu how ready I shall be to serve yu on all occasions & how much I am

Sr Yr most obedient
& humble servant J Locke

Thomas Mann
(1875 – 1955)
Fotografie aus 1954

10.III.54

Lieber Dr. Mampell,

ich fürchte, schon für mehr als einen Brief bin ich in Ihrer Schuld, jetzt entschieden für den über die „Betrogene" und für deren schonende Beurteilung. Das Ding ist nun einmal geworden, wie es werden mußte, nachdem ich mir einmal in den Kopf gesetzt, die Anekdote (es ist eine Anekdote aus der Wirklichkeit) zu erzählen und Mutter Natur doch wenigstens ein bißchen bloßzustellen. Ich beschloß das ursprünglich aus Bosheit und Erbostheit, aber auch aus dem Gefühl einer gewissen Affinität zu dem Stoff und aus dem Ehrgeiz, es mit dem Peinlichen aufzunehmen. Dazu schien es mir einer Stilisierung zu bedürfen, die nun freilich sogar mehr Anstoß noch zu erregen scheint, als der Stoff, weil sie garso unrealistisch ist. Aber es gehörte einfach zur Konzeption,

Thomas Mann im 79. Lebensjahr
an Klaus Mampell in Beatenberg (Schweiz)

THOMAS MANN ERLENBACH-ZÜRICH

10. III. 54

Lieber Dr. Mampell,

ich fürchte, Ihnen für mehr als einen Brief bin ich in Ihrer Schuld, jetzt entschieden für den über die „Betrogene" und für diese schmeichelnde[?] Beurteilung. Das Ding ist nun einmal geworden, wie es werden mußte, nachdem ich mir einmal in den Kopf gesetzt, die Anekdote (es ist eine Anekdote aus der Wirklichkeit) zu erzählen und Mutter Natur doch wenigstens ein bißchen bloßzustellen. Ich beschloß das ursprünglich aus Bosheit und Übermut[?], aber auch aus dem Gefühl einer gewissen Affinität zu dem Stoff und auch dem Ehrgeiz, es mit dem Peinlichen aufzunehmen. Dazu schien es mir einer Stilisierung zu bedürfen, die nun freilich sogar noch anstößiger[?] zu wirken scheint, als der Stoff, weil sie geradezu unerbittlich[?] ist. Aber es gehörte einmal zur Konzeption, daß der krasse Fall im Stil der klassischen Novelle, vor-realistisch, erzählt werden müsse. Die Dialoge zwischen Mutter und Tochter finde ich, bei aller sonstigen längst eingetretenen Gleichgültigkeit gegen das Produkt, zum Teil sehr hübsch. Wenn nur auf unseren Theatern so gesprochen würde! *Ich* würde gern zuhören.

Viel mehr kann ich nicht schreiben, erstens weil ich soviel zu schreiben habe und zweitens, weil ich von einer verregneten Italien-Reise eher strapaziert, als erholt, zurückgekehrt bin. In Taormina bekam ich infolge einer ungeheizten Schlafwagen-Nacht gleich eine Bronchitis mit 39^{5}, die zwar mit viel Penicillin hurtig unterdrückt wurde, mir aber noch immer in den Gliedern liegt und krampfartige Hustenanfälle zeitigt. Zu eigentlicher Arbeit fehlt es sehr an Stimmung; ich bin müde. Nun ja. Und doch war ich fähig, von Rom wieder ganz erfüllt zu sein, und beim Wiedersehn mit den Donatellos, Verrocchios und Cellinis im Bargello hätt ich fast Tränen vergossen.

Wir haben uns hier nun angekauft, nämlich in

daß der krasse Fall im Stil der klassischen Novelle, nur = realistisch, erzählt werden müsse. Den Dialog zwischen Mutter und Tochter finde ich, bei aller sonstigen künstlich vertretenen Gleichgültigkeit gegen das Produkt, zum Teil sehr hübsch. Wenn nur auf unseren Theatern so gesprochen würde! Ich würde gern zuhören.

Viel mehr kann ich nicht schreiben, obgleich viel ich gerne zu schreiben habe und gemeint, weil ich von einer anstrengenden Italien-Reise eher strapaziert, als erholt, zurückgekehrt bin. In Taormina bekam ich infolge eines ungeheizten Schlafwagen-Zuges gleich eine Bronchitis mit 39,5, die zwar mit viel Prontosillen sofortig unterdrückt wurde, mir aber noch immer in den Gliedern liegt und krampfartige Schwächeanfälle zeitigt. Zu eigentlicher Arbeit fehlt es sehr an Stimmung; ich bin müde. Nun ja. Und doch war ich froh, um Rom wieder ganz erfüllt zu sehen, und beim Wiedersehen mit den Donatello, Verrocchio und Cellini im Bargello hätte ich fast Tränen vergossen.

Wir haben uns hier nun angekauft, nämlich ein

C. F. Meyers *Kilchberg*. Es ist ein nettes, passendes Haus mit einem guten Arbeitszimmer für mich und hinlänglichem Platz für die Bücher, auch bequemer Stadt-Verbindung. Am 1. April wollen wir einziehen. *Alte Landstraße 39*. Meine definitiv letzte Adresse, will ich hoffen.

Gesundheit, Mut, Arbeitslust wünsche ich herzlich.

Ihr
gez. Thomas Mann

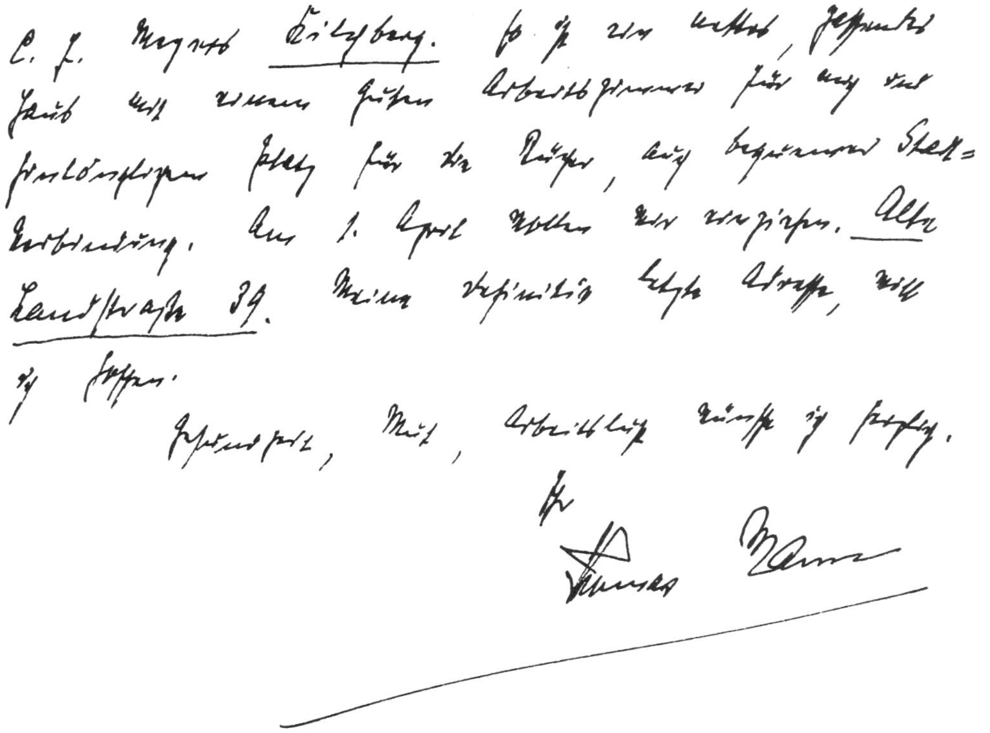

[illegible] Kilchberg. Es ist ein nettes, gediegenes Haus mit einem guten Arbeitszimmer für mich und hinlänglichem Platz für die Bücher, auch bequemer Stadtverbindung. Am 1. April wollen wir einziehen. Alte Landstraße 39. Meine definitiv letzte Adresse, will ich hoffen.

Gesundheit, Mut, Arbeitslust wünsche ich herzlich.

Ihr

Thomas Mann

Alessandro Manzoni
(1785 – 1873)

Caro Bista,

Milano 20 Dec^{re} 1865,

O il telegramma è sbagliato, o è scritto poco calligraficamente, giacchè l'elezione di Lecco è stata approvata in persona del Sign^{ore} Badoni, nella seduta del 24 novembre, e in quella del 25 è stata annulata l'elezione di Leno, provincia di Brescia. Tene avverto subito, ed è inutile aggiungere quanta sarebbe stata la mia premura nel secondare, per quanto mi fosse possibile l'intenzione supposta. Tanti e tanti auguri a te e al paese per la sorte di Leno, dove il comitato di Brescia deve sicuramente aver più autorità.
Abbracciamo tutti e te e Vittoria, della quale oh! quanto desidererei nove più allegre.
Ho consegnata ieri la tua lettera al nostro Rossari, il quale non sa intendre il perchè nei rescritti contrari non sia mai nominata la legge del 1859, posteriore alle altre che si citano, e che, come relativa al suo caso, è citata espressamente nei due M. decreti di nomina e dell'assegno del decimo. Non ti posso dissimulare che qui, alle persone che conoscono l'uomo e l'affare, la cosa fa una sinistra impressione.
Addio,

il tuo come babbo
firm. A. Manzoni

P.S. L'elezione di Leno è intimata per Domenica 24

Caro Bista,

Milano 20 dec.e 1865,

O il telegramma è sbagliato, o è scritto poco calligraficamente, giacchè l'elezione di Lecco è stata approvata in persona del Sig.r Badoni, nella seduta del 24 novembre, e in quella del 25 è stata annullata l'elezione di Leno, provincia di Brescia. Te ne avverto subito, ed è inutile aggiungere quanto sarebbe stata la mia premura nel secondare, per quanto mi fosse possibile, l'intenzione supposta. Tanti e tanti auguri a te e al paese per la sorte di Leno, dove il comitato di Brescia deve sicuramente aver più autorità.

Abbracciamo tutti e te e Vittoria, della quale oh! quanto desidererei nove più allegre.

Ho consegnata ieri la tua lettera al nostro Rossari, il quale non sa intendere il perchè nei rescritti contrari non sia mai nominata la legge del 1859,

Mailand, den 20. Dez. 1865

[Mein] lieber Bista,

Das Telegramm ist entweder falsch oder unklar geschrieben, weil die Wahl der Stadt Lecco in der Sitzung vom 24. November von Herrn Badoni persönlich gebilligt und in der Sitzung vom 25. die Wahl der Stadt Leno, Provinz Brescia, annuliert wurde. Ich benachrichtige Dich sofort davon, und es ist überflüssig hinzuzufügen, wie groß meine Bemühung gewesen wäre, die angenommene Absicht mit allen Kräften zu unterstützen. Dir und allen Bewohnern sende ich die besten Wünsche für das Schicksal der Stadt Leno, wo das Komitee von Brescia sicherlich mehr Autorität besitzen sollte.

Wir umarmen [Euch] alle, Dich und Vittoria; wie sehr wünschte ich mir, von ihr fröhlichere Neuigkeiten zu erfahren.

Gestern habe ich Deinen Brief unserem Rossari übergeben, der jedoch nicht verstehen kann, warum in den gegensätzlichen Erlässen nie das Gesetz von 1859 erwähnt wird, das doch nach den anderen in Kraft trat, die angeführt werden und die in seinem Fall ausdrücklich in den beiden ministeriellen Ernennungsdekreten und in der Zuwendung des Zehntels genannt werden. Ich kann Dir nicht verheimlichen, daß die Sache auf alle Personen hier, die den Mann und die Angelegenheit kennen, einen ganz düsteren Eindruck macht.

Adieu, als Dein Vater
gez. A. Manzoni

PS.: Die Wahl von Leno ist auf Sonntag, den 24., festgesetzt.

Alessandro Manzoni im 81. Lebensjahr
an seinen Schwiegersohn

posteriore alle altre che si citano, e che,
come relativa al suo caso, è citata espressa-
mente nei due R. Decreti di nomina e dell'as-
segno del decimo. Non ti posso dissimu-
lare che qui, alle persone che conoscono l'uomo
e l'affare, la cosa fa una sinistra impressione.

Addio

il tuo caro babbo

AManzoni

P.S. L'elezione di Leno è intimata
per Domenica 24.

Tomáš Garrigue Masaryk
(1850 – 1937)
Fotografie aus 1918. BPK

19/9'33.

Herr Ludwig,
ich werde Ihnen Ihr Buch durch Skrach in wenigen Tagen absenden. Ich habe nur die Gespräche, resp. meine Antworten corrigiert; Ihre einleitende Studie nicht, nur einige factische Tatsachen genauer constatiert.

Uber eine Charakteristik habe ich Zweifel; was Sie über mein Verhältnis zur Kunst sagen: Ich constatiere nur: ich habe seit meiner Gymnasialzeit die Literatur (Poesie aller Formen) eifrig gelesen; gedichtet (verbrannt); habe in den 80er [Jahren] eine Studie: Uber das Studium dichterischer Werke geschrieben und seither bestendig gelesen (Romane, vornemlich). Der Wissenschafter, wenn er nicht nur memoriert, braucht Imagination;

Tomáš Garrigue Masaryk im 84. Lebensjahr
an Emil Ludwig

TOPOLČIANKY 19/9 '33.

Herr Ludwig,

ich werde Ihnen Ihr Buch durch Strach in wenigen Tagen absenden. Ich habe nur die Gespräche, resp. meine Antworten corrigiert; Ihre einleitende Studie nicht, nur einige faktische Tatsachen genauer constatiert.

Über eine Charakteristik habe ich Zweifel, was Sie über mein Verhältnis zur Kunst sagen: ich constatiere nur: ich habe seit meiner Gymnasialzeit die Literatur (Poesie aller Formen) eifrig gelesen; gedichtet (verbrannt); habe in den 80er eine Studie: Über das Studium dichterischer Werke geschrieben und später beständig gelesen (Romane, vornehmlich). Der Wissenschafter, wenn er nicht nur memoriert, braucht Imagination;

in meinem theoretischen Spezialfache, Sociologie
mit Geschichtsphilosophie, ist Imagination,
die von Göthe exakt genennt, sehr nötig.
Auch in der Politik; ich habe einen Aufsatz
über Politik und Dichtung geschrieben: ich muss be-
ständig das, was möglicher Weise, geschehen könnte
mir vorweg vorstellen, muss aus Symptomen
und einzelnen Nachrichten die gegebene Situation
erraten.

Vielleicht ist das nicht Dichtung; ich habe
nicht die Zeit, die Sache genau zu ergründen
und deshalb hab' ich natürlich nichts gegen
Ihr Urteil, das ist Ihre Sache. Ihnen mag
ich's sagen: ich schreibe bis jetzt Gedichte, um
meine Gefühle auszudrücken, vernichte die Dinge
nach einiger Zeit und ich skizziere ab und zu einige
Erfahrungen von der Art, wie sie [sic!] es in den inter-

in meinem theoretischen Spezialfache, Soziologie
und Geschichtsphilosophie, ist Imagination,
die von Goethe exacte genannt, sehr nötig.
Auch in der Politik; ich habe einen Aufsatz
über: Politik u. Dichtung geschrieben: ich muss be-
ständig das, was möglicherweise geschehen könnte
mir vorweg vorstellen, muss aus Symptomen
und einzelnen Nachrichten die gegebene Situation
erraten.

Vielleicht ist das nicht Dichtung; ich habe
nicht die Zeit, die Sache genau zu ergründen
und deshalb hab' ich natürlich nichts gegen
Ihr Urteil, es ist Ihre Sache. Ihnen mag
ich's sagen: ich schreibe bis jetzt Gedichte, um
meine Gefühle auszudrücken, vernichte die Dinge
nach einiger Zeit und ich skizziere ab und zu einige
Erfahrungen von der Art, wie sie es von dem inter-

polierten Anekdoten am Ende des Buches sehen können.

Die Sprechweise habe ich ihrem Wunsche gemass nicht geändert.

Bitte grüssen Sie bestens Frau Ludwig.

gez. T. G. Masaryk.

polierten Anekdoten am Ende des Buches sehr können.

Die Sprechweise habe ich Ihrem Wunsche gemäss nicht geändert.

Bitte grüssen Sie bestens Frau Ludwig.

T. G. Masaryk.

Clemens Wenzel Fürst von Metternich
(1773 – 1859)
Stahlstich aus dem 19. Jahrhundert

Wien den 19^{r}. Januar 1859.

Lieber Baron!

Ich danke Ihnen für Ihren Neujahrs Wunsch und erwiedere denselben recht aufrichtig. Genügten, „Wünsche", so stünden die Sachen beßer als sie stehen und als sie, Gott seÿ geklagt, zu stehen vermöchten. Die moralische Welt, – die Sache, welche man die Gesellschaft nennt – ist krank. Alle Krankheiten der Individuen führen zum Tod, oder zur Wiedergenesung; *die* des gesellschaftlichen Körpers führen zu Umwandlungen, zum Beßeren oder zum Schlechteren, denn auf ihn paßt der

Clemens Fürst von Metternich im 86. Lebensjahr
– 5 Monate vor seinem Tode –
an einen befreundeten Baron

München den 19. Januar 1839.

Lieber Carus!

Ich danke Ihnen für Ihren
neujährigen Wunsch und erwiedere
denselben recht aufrichtig: Genügten,
Wünsche, so stünden die Sachen
besser als sie stehen und als sie, Gott sey
geklagt, zu stehen verdienen: die
moralische Welt, – die Sache, welche
man die Gesellschaft nennt – ist krank.
Alle Krankheiten der Individuen führen
zum Tod, oder zur Wiedergenesung;
die der gesellschaftlichen Körper führen
zu Umwandlungen, zum Bessern oder
zum Schlechtern, denn auf sie paßt der

Begriff des Todtes [sic!] der Individuen
nicht in demselben Ausmaase [,] in
welchem die Begriffe von Gesundheit und
Krankheit auf die zweÿ Gestaltungen
paßen. Etwas haben die . . [beiden] gemein,
dieß ist die Perioden, welche auf die
Individuen [bezogen] *die Convalescenz* und, auf
die Gesellschaft angewendet, *eine Uebergangs
Periode* bezeichnen, und diese Periode
ist in den beiden Richtungen eine
höchst peinliche und gefahrvolle. In
einer solchen Periode steht die Gesellschaft
und ihrer Natur gemäß ist sie eine
lange. Auf meine Persönlichkeit
angewendet, bedauere ich [,] das[s] ich eben
als Mitdulder am Eintretten der Gesellschaft
in die Uebergangs Periode, welche stets mit

Begriffe des Todes der Individuen
nicht in demselben Ausmaße in
welchem die Begriffe von Gesundheit und
Krankheit, auf die ganz Gestaltungen
geschehen. Etwas haben die Entwicklungen,
dieses ist die Freude, welche auf die
Individuen die Cumulation und auf
die Gesellschaft angewandt, eine Übertragung
Freude begreifen, und diese Freude
ist in den beiden Richtungen eine
höchst gewöhnliche und gestaltete, Sie
eine solche Freude hat die Gesellschaft
und ihrer Natur gemäß ist sie eine
lange. Auf meine Persönlichkeit
angewandt, bedauere ich daß ich aber
als Mitbildner am Entstehen der Gesellschaft
in die Übertragungs Freude welche damit

gewaltigen Stürzen beginnt, das Licht
der Welt erblickt habe. Vor ein Paar hundert
Jahren würde ich mich in die Lagen, cum
beneficio honore[que] wohl zu finden
gewußt haben, wie dieß auch ebenfalls
der Fall hätte sein können [,] wenn ich erst
im 20 oder im 21t. Jahrhundert geboren
wurde. *In* die Uebergangs Periode paßt
mein Temperament nicht; um mich in
ihr behaglich fühlen zu können [,] bedurfte
ich einiger mir abgehender *Fehler* und
nicht abgehender *Tugenden*, vulgo, *Fehler* [,] welche sich à
tort, in den Uebergangs Perioden [,] leicht als
Tugenden geltend zu machen vermögen,
und *Tugenden*, welche in denselben den
Anschein *von Fehlern* annehmen. Ich bin
ein Mann der Ordnung – d.h. des Rechts;

gewaltigen [illegible] begrünt, das Licht
der Welt erblickt habe. Vor ein paar hundert
Jahren würde ich mich in die Lage, [illegible]
[illegible] & [illegible] nicht zu finden
gewünscht haben, wie dies auch ebenfalls
der Fall hätte sein können wenn ich erst
im 20 oder im 21t. Jahrhundert geboren
würde. In die Uebergangsperiode paßt
mein Temperament nicht; eine gewisse
[illegible] Haltung zu können bedürfte
ich einiger mehr abgehenden Sachen und
~~[illegible]~~ [illegible], vulgo, Sachen welche sich
fort, in den Uebergangsperioden [illegible]
[illegible] geltend zu machen vermögen
und [illegible], welchen denselben den
Anschein von Sachen annehmen. Ich bin
ein Mann der Ordnung – d. h. der [illegible];

und sonach ein Feind alles Schwindels,
dieses erpichten Feindes der Ordnung.
Meßen Sie nach diesem Maßstabe
meine Impreßionen, so wißen Sie, welchen
Eindruck die Tages Zustände auf mich üben.
Das gegenwärtige Jahr bezeichnet das
geschloßene 70te. nach dem großen
Umsturz und einen großen *Abschnitt* in
meinem Leben. Ich begreife sonach das
Gefühl des peinlichen Unbehagens [,] welches
mir die Rolle *eines Zuschauers* verbittert.
Sie werden sich des Ausspruches erinnern,
den ich über meine Stellung nach meinem
Austtretten vom Scenarium im großen
Schauspielhause der Welt in den Worten
gefällt habe: Ich verlaße *die Bühne* und
ziehe mich *in den äußeren Schauplatz* zurück und in

und jenes ein Feind alles Schmucks,
dieses ewigen Feindes der Ordnung.
Messen Sie nach diesem Maßstabe
meine Jugendträume, so wüßten Sie, welchen
Eindruck die Tages Zustände auf mich üben.
Das gegenwärtige Jahr begrenzt das
geschlossene 70.te nach dem großen
Umsturz und einen großen Abschnitt in
meinem Leben. Ich begreife jenes das
Gefühl des gründlichen Unbehagens welches
mir die Rolle eines Zuschauers geboten hat.
Sie werden sich des Ausspruchs erinnern
den ich über meine Stellung nach meinem
Austreten vom Seminar im großen
Schauspielhause der Welt an den Pforten
gestellt habe: Ich verlasse die Bühne und
ziehe mich in den Zuschauer Schauplatz zurück und den

demselben, weder in das Parterre, noch
in eine Gallerie, sondern in eine
Loge des ersten Ranges [,] welche mir die
Einsicht in die Coulissen gewährt. Solche
Logen sind nicht die besten für die wahren
Theater Freunde, denn sie sind nicht auf
Effeckte der Decorationen gerichtet [,]
und an sie richten sich die Stimmen
und das Spiel der Acteurs nicht. Solche
Blendwerke bieten einem alten Acteur
und Maschinisten keinen Genuß. Um
die Fäden und die Treppen zu entdecken
und die bloße Schaulust zu befriedigen [,]
wählt er keinen Sitz. Eine loge d'avant scène
zieht er vor; ich sage *eine Loge* [,] den[n] er
sichert sich durch deren Besitz das Recht, Gäste
in dieselbe aufzunehmen oder ihnen die Thüre

2

denselben, weder in das Parterre, noch in eine Gallerie, sondern in eine Loge des ersten Ranges welche nach der Ansicht in die Coulissen gerückt ist. Solche Logen sind nicht die Ersten für die wahren Theaterfreunde, denn sie sind nicht auf Ansicht der Decorationen ~~nicht~~ gerichtet und an sie richten sich die Stimmen und das Spiel der Acteurs nicht. Solche Clandestine, bitten einem alten Acteur und Maschinisten, seinen Freunde ihm die Läden und die Waggons zu entdecken und die blasse Schaulust zu befriedigen müsste er keinen Sitz. Eine Loge davantseine gibt es zwar; ich sage eine Loge, denn es fesselt sich durch deren Besitz das Recht, Gäste in dieselbe aufzunehmen oder ihnen die Thür nach Belieben zu schließen. In einer solchen Loge spiele ich die Rolle eines Zuschauers; leider sind *die Stücke* schlecht: sie erheben sich nicht über das Bereich der Farcen und der Mélodrames. Die dramatische Kunst liegt darnieder.

Hiermit nehme ich Abschied von Ihnen und bitte Sie [,] die Innlage an ihre Adreße gelangen zu laßen. Sie enthält meinen Dank für eine boîte de Bonbons [,] welche ich auf Veranlaßung der Heirath des Rothschildschen Sohnes, [die dieser] mit der Melle d'Anspach geschloßen hat, erhielt und [die] mich nur wenig über die Weltlage beruhigt.

Leben Sie so gut möglich und zählen Sie auf die Unwandelbarkeit meiner Gesinnungen

gez. Cl v Metternich

nach beliebem zu schließen. In einer
solchen Lage spiele ich die Rolle eines
Zuschauers; leider sind die Stücke schlecht:
sie erheben sich nicht über das Bereich der
Farcen und der Melodrames. Die dramatische
Kunst liegt darnieder.

Hiermit nehme ich Abschied von Ihnen
und bitte Sie die Einlage an ihre Adresse
gelangen zu lassen. Sie enthält meinen
Dank für eine boîte de bonbons welche
ich auf Veranlassung der [illegible]
[illegible] Besuch, mit der Mlle d'Anspach
geschlossen hat, erhielt und mich etwas wenig
über die Weltlage beruhigt.

Leben Sie so gut möglich und zählen
Sie auf die Unwandelbarkeit meiner
Gesinnung. Metternich.

Helmuth Graf von Moltke
(1800 – 1891)

Berlin, den 26.[en] Februar 1872.

Euer Wohlgeboren danke ich für Uebersendung Ihrer Schrift, muß mir aber versagen Ihnen meine Anschauung über den behandelten Gegenstand auszusprechen, da mir näher liegt, Raum und Zeit practisch zu nutzen, als ihrem abstracten Begriff nachzuforschen. –

gez. G v Moltke

Helmuth Graf von Moltke im 72. Lebensjahr
an einen Herrn

Berlin, den 26ten Februar 1872.

Euer Wohlgeboren danke ich für Uebersendung Ihrer Schrift, muß mir aber versagen Ihnen meine Anschauung über den behandelten Gegenstand auszusprechen, da mir näher liegt, Raum und Zeit practisch zu nützen, als ihrem abstracten Begriff nachzuforschen.–

GvMoltke

Emil Nolde
(1867 – 1956)
Stiftung Seebüll Ada und Emil Nolde

22.8.38.

Mein lieber Freund,
es war schön u. lieb von Dir nach Frauenfeld u. Davos zu reisen um von dem Künstlerschicksal alles zu erfahren. Wir bedauern so sehr die arme Frau, die von der Gesinnung seiner Brüder vielleicht gar nicht weiß, ob sie es gut oder schlecht mit ihr meinen. Das Bild der Hirten sieht schön aus, so weit man nach der unzulänglichen Wiedergabe es beurteilen kann. Wir danken Dir, daß Du uns alles berichtetest – die ganze Trauer u. Tragik.

Auch danke ich Dir für die schönen Wünsche zu unserem Festtag, sie vereinigten sich mit vielen, vielen. An Besuchen waren in diesem Jahr nur die Verwandten u. ihre recht vielen kleinen Kinder – die am eigenen Tisch saßen, von meiner Ada

Emil Nolde im 72. Lebensjahr
an seinen Freund Hans Fehr in Muri bei Bern

BERLIN-CHARLOTTENBURG 9
BAYERNALLEE 10

22.8.38

Mein lieber Freund,

es war schön u. lieb von Dir nach Frauenfeld u. Davos zu ~~fahren~~ reisen um von dem Künstlerschicksal alles zu erfahren. Wir bedauern so sehr die arme Frau, die von der Gesinnung seiner Brüder vielleicht gar nicht weiß, ob sie es gut oder schlecht mit ihr meinen. Das Bild der Hirten sieht schön aus, so weit man nach der unzulänglichen Wiedergabe es beurteilen kann. Wir danken Dir, daß Du uns alles berichtetest – die ganze Trauer u. Tragik.

Auch danke ich Dir für die schönen Wünsche zu unserem Festtag, sie vereinigten sich mit vielen, vielen. An Besuchen waren in diesem Jahr nur die Verwandten u. ihre recht vielen kleinen Kinder – die am am eigenen Tisch aßen, was meiner Ada betreut als alleinige Erwachsene.

Manches ist eigentümlich. – Ich wollte immer gern, daß meine Bilder in Deutschland ihren bleibenden Platz erhalten. Und nun kommt es ganz anders. Wie Sendboten mögen sie hinausgehen in aller Welt, wenn es so sein muß, kündend von ihrem Schicksal u. meiner Liebe zum heiligen deutschen Reich, u. seine vielen lieben Menschen.

Es ist ein gewagtes kühnes Thema [,] das Du vortragen willst [,] u. wohl besonders weil der Historiker Congres in Zürich tagt, – sicherlich mit den verschiedensten Menschen u. Meinungen. Aber spannend muß es für Dich sein [,] solche bedeutsamen Fragen hinzustellen u. deren Lösung zu suchen.

Wenn Du wieder etwas schreibst, sei es von Bildern oder von Sonstigem, es immer freut uns, das Gute u. das weniger schöne.

Ich versuche zu malen, – erst jetzt komme ich dazu. Von den Bildern würde wohl keines in Deine Sammlung hineinpassen. Alles Schönste Dir wünschend

Dein gez. E. N.

betreut als alleinige Erwachsene.

Manches ist eigentümlich. – Ich wollte immer gern, daß meine Bilder in Deutschland ihren bleibenden Platz erhalten. Und nun kommt es ganz anders. Wie Sendboten mögen sie hinausgehen in aller Welt, wenn es so sein muß, kündend von ihrem Schicksal u. meiner Liebe zum heiligen deutschen Reich, u. seine vielen lieben Menschen.

Es ist ein gewagtes kühnes Thema das Du vortragen willst u. wohl besonders weil der Historiker Congress in Zürich tagt. – sicherlich mit den verschiedensten Menschen u. Meinungen. Aber spannend muß es für Dich sein solche bedeutsamen Fragen hinzustellen u. deren Lösung zu suchen.

Wenn Du wieder etwas schreibst, sei es von Bildern oder von Sonstigem, es immer freut uns, das Gute u. das weniger schöne.

Ich versuche zu malen. – erst jetzt komm ich dazu. Alles Schönste Dir wünschend Deine E. N.

den Bildern würde wohl keines in Deine Sammlung hineinpassen.

Seebüll
5.7.44.

An Margret Böning
diese paar Worte
als Antwort auf ihren [sic!] freundlichen Brief.
Meine Frau wollte Ihnen sogleich schreiben,
dann aber kamen Hindernisse, deren es so
viele in dieser schweren Zeit giebt, wo es
im Häuslichen an Hülfe fehlt.

Wir haben gern Ihren frischen offenen
Brief gelesen [,] u. es freute uns auch [,] von
Frau Käthe Kollwitz eine Nachricht zu erhalten. Wir hatten schon erfahren, daß
sie durch Kriegszerstörung schwer betroffen wurde [,] u. lieb ist es von Ihnen [,] sie [sic!]
bei sich Wohnraum zu geben. Die Kunstwerte ihrer Hände Arbeit sah ich immer
gern, schon als ich noch gar nicht Maler
war, es war im „Pan" [,] wo ich die ersten
Wiedergaben ihrer Radierungen sah.

Emil Nolde im 77. Lebensjahr
an die Bildhauerin Margret Böning in Nordhausen am Harz

Seebüll
5. 7. 44.

An Margret Böning diese paar Worte als Antwort auf ihren freundlichen Brief. Meine Frau wollte Ihnen sogleich schreiben, dann aber kamen Hindernisse, deren es so viele in dieser schweren Zeit giebt, wo es im Häuslichen an Hülfe fehlt.

Wir haben gern Ihren frischen offenen Brief gelesen u. es freute uns auch von Frau Käthe Kollwitz eine Nachricht zu erhalten. Wir hatten schon erfahren, daß sie durch Kriegszerstörung schwer betroffen wurde u. lieb ist es von Ihnen sie bei sich Wohnraum zu geben. Die Kunstwerke ihrer Hände Arbeit sah ich immer gern, schon als ich noch gar nicht Maler war, es war im „Pan" wo ich die ersten Wiedergaben ihrer Radierungen sah.

Von Schicksalsschlägen ist sie in der später folgenden Zeit schwer betroffen worden, wie auch ich in reichlichem Maße, vielleicht aber alle, mehr oder weniger, die ihr Leben dem höchst Erreichbaren widmen.

In Berlin ist auch unsere Wohnung ausgebrant [sic!] mit allem darin, dabei mehr als 3 tausend Graphiken, Zeichnungen, Aquarelle.

Ein kleiner Besuch von Ihnen bei uns hier auf Seebüll würde uns freuen, es ist aber gar nicht einfach, nur wer von Emmelsbüll – die erste Station nach Niebüll – bis hier nach Seebüll, 1 ½ Stunde durch die Marschgegend wandern kann, hat es leicht. Die Post- und sonstige Fahrgelegenheit ist fast gänzlich eingestellt. Mut u. Unternehmungsfreude bringen es fertig, aber Nachricht müßen [sic!] wir vorher erhalten.

Gute u. freundliche Gedanken an Frau Käthe Kollwitz u. an Sie von meiner Frau u.

dem Maler gez. Emil Nolde.

Von Schicksalsschlägen ist sie in der später folgenden Zeit schwer betroffen worden, wie auch ich in reichlichem Maße, vielleicht aber alle, mehr oder weniger, die ~~[illegible]~~ ihr Leben dem höchst Erreichbaren widmen.

In Berlin ist auch unsere Wohnung ausgebrannt mit allem darin, dabei mehr als 3 Tausend Graphiken, Zeichnungen, Aquarelle.

Ein kleiner Besuch von Ihnen bei uns hier auf Seebüll würde uns freuen, es ist aber gar nicht einfach, nur wer von Emmelsbüll – die erste Station nach Niebüll – bis hier nach Seebüll, 1½ Stunde durch die Marschgegend wandern kann, hat es leicht. Die Post- u. sonstige Fahrgelegenheit ist fast gänzlich eingestellt. Mut u. Unternehmungsfreude bringen es fertig, aber Nachricht müssen wir vorher erhalten.

Gute u. freundliche Gedanken an Frau Käthe Kollwitz u. an Sie von meiner Frau u.

dem Maler Emil Nolde.

Johann Heinrich Pestalozzi
(1746 – 1827)
Lithographie von P. Rohrbach nach einem Gemälde von A. Schöner, um 1830. BPK

Sie erlaubten mir in Ihrem hiesigen aufenthalt [,] mich in angelegenheiten [,] die das intreße meines Instituts betreffen [,] an Sie wenden zu dörfen und ich ergreife den anlaß der Subscription [,] die jez auf eine neue ausgab meiner Schriften eröfnet ist [,] Euer Hochwohlgebohrnen zu bitten, dieße Subscription in Ihren näheren verheltnißen durch Dero gütige Empfehlung zu begönstigen. Gnädiger Herr, der Erfolg dieser Subcription ist für mich von der größten wichtigkeit. Er kan mich in Stand setzen [,] meine Zeit und meine Kräfte bis an mein grab mit ruhe der vollendung von so vielen angefangenen und noch unreif in meiner Hand ligenden versuchen zu wiedmen und dadurch noch etwas wesentliches zu Beförderung der Endzwekke meines Lebens byzutragen. Ich weiß [,] daß es Euer Gnaden angenehm ist, wenn ich dahin gelange [,] und bin also versichert [,] Sie nehmen die Bitte [,] die ich diesfals an Sie gelangen laßen, nicht ungnädig [auf]. Ich bitte Sie [,] der Frau Gräfin [,] Ihrer Gemahlin [,] meine Ehrerbietigen Empfehlungen anzubieten

Gnädiger Herr

dero
gehorsamster Diener

Yverdun d. 20 May 1817

gez. Pestalozzi

Johann Heinrich Pestalozzi im 72. Lebensjahr
an einen Grafen

[illegible]

[illegible] Subscription [illegible]

[illegible] Subscription [illegible]

[illegible] Subscription [illegible]

[illegible]

gnädiger Herr

Dero
gehorsamster Diener

[illegible signature]

received 20 may 1817

Max Planck
(1858 – 1947)
Fotografie aus 1947

Berlin-Grunewald, 23.9.25.

Lieber Kollege!

Bei meiner Rückkehr aus Rußland finde ich Ihren werten Brief vom 7. d. M., der mich natürlich lebhaft interessiert. Denn ich stimme Ihnen darin ganz bei, daß, falls die Ergebnisse der Versuche von Miller sich bestätigen, die ganze Relativitätstheorie, auch die „spezielle", erledigt ist und das Aetherproblem von Neuem in Angriff genommen werden muß.

Aber gerade deshalb stehe ich dieser Sache mit dem äußersten Skeptizismus gegenüber. Zwar: unmöglich ist ja schließlich nichts in dieser rätselvollen Welt, aber einen gewissen Glauben an eine für uns faßbare Harmonie

Max Planck im 68. Lebensjahr
an Wilhelm Wien in München

Berlin-Grunewald, 23. 9. 25.

Lieber Kollege!

Bei meiner Rückkehr aus Russland finde ich Ihren werten Brief vom 7. d. M., der mich natürlich lebhaft interessiert. Darin stimme ich Ihnen ganz bei, dass, falls die Ergebnisse der Versuche von Miller sich bestätigen, die ganze Relativitätstheorie, nicht die „spezielle", erledigt ist und das Ätherproblem von Neuem in Angriff genommen werden muss.

Aber gerade deshalb stehe ich dieser Sache mit dem äussersten Skeptizismus gegenüber. Zwar: unmöglich ist ja schliesslich nichts in dieser rätselhaften Welt, aber einen gewissen Glauben an eine für uns fassbare Harmonie ihrer Gesetze habe ich mir doch bewahrt, und der würde jedenfalls stark erschüttert, wenn alle neuen Zusammenhänge, die uns durch die Relativitätstheorie erschlossen worden sind, nun wieder preisgegeben werden müßten. Meine hiesigen näheren Kollegen, mit denen ich gestern über die Sache sprach: Laue, Einstein, Paschen, sind derselben Ansicht, sie vermuten, daß die Resultate von Miller durch irgendwelche systematische Fehlerquellen beeinflußt worden sind.

Immerhin ist die Entscheidung der ganzen Frage von größter Wichtigkeit, und wir haben daher im Direktorium des Kaiser W. Instituts für Physik den Beschluß gefaßt, einen von Edgar Meyer entworfenen Plan zu unterstützen, wonach die Miller'schen Messungen

ihrer Gesetze habe ich mir doch bewahrt, und der würde jedenfalls stark erschüttert, wenn alle neuen Zusammenhänge, die uns durch die Relativitätstheorie erschlossen worden sind, nun wieder preisgegeben werden müßten. Meine hiesigen näheren Kollegen, mit denen ich gestern über die Sache sprach: Laue, Einstein, Paschen, sind derselben Ansicht, sie vermuten, daß die Resultate von Miller durch irgendwelche systematische Fehlerquellen beeinflußt worden sind.

Immerhin ist die Entscheidung der ganzen Frage von größter Wichtigkeit, und wir haben daher im Direktorium des Kaiser Wilh. Instituts für Physik den Beschluß gefaßt, einen von Edgar Meyer entworfenen Plan zu unterstützen, wonach die Millerschen Messungen auf dem Jungfraujoch wiederholt werden sollen. Es wird sehr viel Geld kosten, aber die Sache ist wohl ein großes Opfer wert, und es wäre schön, wenn deutsche Gelehrte zu der Klärung der Frage beitragen könnten.

Aus Rußland haben wir zahlreiche starke Eindrücke mitgebracht. Neben den schrecklichen Verwüstungen, welche der Krieg und besonders die Revolution zurückgelassen hat, bemerkt man überall das starke Bestreben, wieder Ordnung zu schaffen, und zwar mit sehr energischen Mitteln, und die noch übrig gebliebenen Werte möglichst zu konservieren. Dabei ist die russische Regierung neuerdings auch zu der Einsicht gekommen, daß die

auf dem Jungfraujoch wiederholt werden sollen. Es wird sehr viel Geld kosten, aber die Sache ist auch ein großes Opfer wert, und es wäre schön, wenn deutsche Gelehrte zu der Klärung der Frage beitragen könnten.

Aus Russland haben wir zahlreiche starke Eindrücke mitgebracht. Neben den schrecklichen Verwüstungen, welche der Krieg und besonders die Revolution zurückgelassen hat, bemerkt man überall das starke Bestreben, wieder Ordnung zu schaffen, und zwar mit sehr energischen Mitteln, und die noch übrig gebliebenen Werte möglichst zu konservieren. Dabei ist die russische Regierung notwendigerweise zu der Einsicht gekommen, daß die

Beschäftigung mit der reinen Wissenschaft auch zu den „nützlichen“ Tätigkeiten gehört, die vom Staate unterstützt zu werden verdient. Und die ganze große Aufmachung der Akademiefeier diente mit dem Zweck, die Wissenschaft beim Volke populär zu machen. Davon hatten wir ausländische Gelehrte natürlich den nächsten Vorteil. Man bewillkommnete uns mit einer großartigen Gastfreundschaft, sowohl in Petersburg als auch in Moskau. Die Reise machten wir zur See, hin und zurück, und hatten auch eine ganz gute Fahrt. Näheres vielleicht einmal mündlich. Hoffentlich kommen Sie nun recht bald mit Ihrer Frau nach Berlin. Mit herzl. Gruß Ihr

gez. Planck

Hans Purrmann
(1880 – 1966)
Fotografie etwa aus der Zeit des Briefes
(Ausschnitt; das Gesamtfoto zeigt den Meister vor einem begonnenen Bilde)

Villa Le Lagoze 15 Mai 1964
Levanto Prov. La Spezia

Lieber Herr Rosin

Etwas gegen meinen Willen verspätet, antworte ich auf Ihren lieben Brief, allerdings etwas in Verlegenheit [,] was Richtiges zu der Sache sagen zu können [,] da mir die Verhältnisse, wie diese sich zur Zeit, auf dem Kunstmarkt [,] gestaltet haben, (mir) selbst gar nicht bekannt sind! Gewiß [,] einige Zeit brachten Bilder von mir auf Versteigerungen und im Kunsthandel viel höhere Preise [,] als ich bisher erlangt hatte [,] und mir selbst war diese [,] wie mir schien, Überbewertung, etwas unheimlich. Das hatte zur Folge, daß aus allen Ecken Bilder von mir [,] und diese auch aus allen Zeiten [,] auftauchten und auf die Versteigerungen geworfen wurden, teils mit viel zu hohen Limiten, so, daß Zuschläge recht oft ausgeblieben sind, [;] so weiß ich von einem Sammler [,] der zu gleicher Zeit ein Bild unter Druck bei mir aushandelte, ohne, daß er mir davon sprach, ein Bild zu doppeltem Preis limmitierte und zur Versteigerung gab, [;] selbst die entlegensten Arbeiten von mir [,] wie Aquarelle als Albumeintrag [,] sollten zu Geld gemacht werden [.] Ein Herr . . . aus der französischen Schweiz kaufte in Paris viele

Hans Purrmann im 85. Lebensjahr
an Arthur Rosin

Villa Le Lagore 15 Mai 1964
Levanto Prov. La Spezia

Lieber Herr Rosin

Etwas gegen meinen Willen verspätet, antworte ich auf Ihren lieben Brief, allerdings etwas in Verlegenheit was Richtiges zu der Sache sagen zu können da mir die Verhältnisse, wie diese sich zur Zeit, auf dem Kunstmarkt gestaltet haben, mir selbst gar nicht bekannt sind! Gewiß einige Zeit brachten Bilder von mir auf Versteigerungen und im Kunsthandel viel höhere Preise als ich bisher erlangt hatte und mir selbst war diese wie mir schien, Überbewertung, etwas unheimlich. Das hatte zur Folge, daß aus allen Ecken Bilder von mir und diese auch aus allen Zeiten auftauchten und auf die Versteigerungen geworfen wurden, teils mit viel zu hohen Limitten, sodaß Zuschläge recht oft ausgeblieben sind, so weiß ich von einem Sammler der zu gleicher Zeit ein Bild unter Druck bei mir aushandelte, ohne, daß er mir davon sprach, ein Bild zu doppeltem Preis limmitierte und zur Versteigerung gab, selbst die entlegensten Arbeiten von mir wie Aquarelle als Albumeinlag sollten zu Geld gemacht werden. Ein Herr aus der französischen Schweiz kaufte in Paris viele

zum Teil, angefangene Arbeiten, die aus meinem
Pariser Atelier zur sequestrierung kamen, auf, ließ
sich von einem Kölner Versteigerungshaus Vorschuß darauf
geben, und auch diese Bilder fielen durch und brachten
kein annehmbares Gebot; Daß das sich auf den allgemeinen
Markt nachteilig auswirkte [,] ist selbstverständlich!
In München das Versteigerungshaus Weinmüller, hatte
viel von mir ausgeboten [,] und immer wieder bringen
seine Kataloge Bilder von mir, und ich glaube [,] dort
könnte Ihr Bekannter weit besser unterrichtet werden als
ich es trotz gutem Willen vermöchte!

Augenblicklich bin ich für den ganzen Sommer auf
Lewanto [sic!] in Italien eingerichtet, wo ich [,] so gut ich es
noch vermag, zu arbeiten gedenke. Leider wurde
mein Befinden durch Fieberanfälle . . .
sehr beunruhigt, und hier werde ich von Mailand aus
sorgfältig . . . behandelt, so daß ich
hoffen darf in Ordnung zu kommen! Ihre Verwandten [,]
die lieben Freunde Rosenthal [,] sah ich hin und
wieder und war sehr beglückt [,] über Ihr und Ihrer
lieben und verehrten Gemahlin Befinden gute
Berichte zu erhalten [,] und wie gut würde es mir tun [,]

zum Teil, angefangene Arbeiten, die aus meinem Pariser Atelier zur Sequestrierung kamen, auf, ließ sich von einem Kölner Versteigerungshaus Vorschuß darauf geben, und auch diese Bilder fielen durch und brachten kein annehmbares Gebot; daß das sich auf den allgemeinen Markt nachteilig auswirkte ist selbstverständlich!
In München das Versteigerungshaus Weinmüller, hatte viel von mir ausgeboten, und immer wieder bringen seine Kataloge Bilder von mir, und ich glaube dort könnte Ihr Bekannter weit besser unterrichtet werden als ich es trotz gutem Willen vermöchte!
Augenblicklich bin ich für den ganzen Sommer auf Lewanto in Italien eingerichtet, wo ich so gut ich es noch vermag, zu arbeiten gedenke. Leider würde mein Befinden durch Fieberanfälle sehr beunruhigt, und hier werde ich von Mailand aus sorgfältig behandelt, sodaß ich hoffen darf in Ordnung zu kommen! Ihre Verwandten die lieben Freunde Rosenthal sah ich hin und wieder und war sehr beglückt über Ihr und Ihrer lieben und verehrten Gemahlin Befinden gute Berichte zu erhalten und wie gut würde es mir tun

Sie beide in Person wieder einmal zu sehen. Aber so muß ich mich mit den freundschaftlichsten und liebevollen Erinnerungen begnügen und weiterleben mit dem [,] was einmal war und Gottseidank mir nicht mehr zu nehmen ist.

Die Arbeit ist immernoch mein einziger Gewinn [,] und das Schicksal will es, daß mir freundlichst immer eingeräumt wird, ich sei der einzige lebende Maler in Deutschland [,] von dem man sagen könne, er habe auch in hohen [sic!] Alter immer noch Fortschritte gemacht! Aber sonst mit dem [,] was Neues geschaffen wird, muß ich leider sehr von Kritik mir einen Zugang allzuoft versperren! obwohl die Welt weitergeht [,] und ich mich mit ihr das Interesse habe gut zu stehen und Frieden zu halten!

Bleiben Sie mir weiter herzlichst gute Freunde als Ihrem alten treuergebenen

gez. Hans Purrmann

Sie beide in Person wiedereinmal zu sehen. Aber so muß ich mich mit den freundschaftlichsten und liebevollen Erinnerungen begnügen und weiterleben mit dem was einmal war und Gottseidank mir nicht mehr zu nehmen ist.

Die Arbeit ist immernoch mein einziger Gewinn und das Schiksal will es, daß mir freundlichst immer eingeräumt wird, ich sei der einzige lebende Maler in Deutschland von dem man sagen könne, er habe auch in hohem Alter immer noch Fortschritte gemacht! Aber sonst mit dem was Neues geschaffen wird, muß ich leider sehr von Kritik mir einen Zugang allzuoft versperren! obwohl die Welt weitergeht und ich mich mit ihr das Interesse habe gut zu stehen und Frieden zu halten!

Bleiben Sie mir weiter herzlichst gute Freunde als Ihrem alten treuergebenen

Hans Purrmann

Wilhelm Raabe
(1831 – 1910)
Fotografie. SNM

Braunschweig, 4 Juli 1910

Sehr geehrter Herr Haupt!

Leider kann ich in der mir über-
sandten Dichtung „Die Römerin"
nichts finden, was auf *eigene*
dichterische Begabung hindeutet.

Eigenes enthält diese Balla-
de kaum; und ich möchte Ihnen
rathen, für's Erste noch nicht
an Selbstproduktion zu denken.

Mit den besten Wünschen für
Ihren Lebensweg

Ihr ergebener
gez. Wilhelm Raabe

Wilhelm Raabe im 79. Lebensjahr
– etwa 4 Monate vor seinem Tode –
an Julius Haupt in Düsseldorf

Braunschweig, 4 Juli 1910

Sehr geehrter Herr Haupt!

Leider kann ich in der mir übersandten Dichtung „Die Römerin" nichts finden, was auf eigene dichterische Begabung hindeutet. Eigenes entspricht diese Ballade kaum, und ich möchte Ihnen anraten, für's Erste noch nicht an Selbstproduktion zu denken.

Mit den besten Wünschen für Ihren Lebensweg

Ihr ergebener

Wilh. Raabe

Albert Schweitzer
(1875 – 1965)

(1.

H.[errn] E R Franke Sarniento 815
Buenos Aires. Argentinien

Dr. A Schweitzer
Lambarene-Gabun
Franz. Equatorial-
Afrika 7.2.52

Lieber Freund. Ich könnte zehn Seiten mit Entschuldigungen, dass ich so lange schwieg, füllen. Aber ich lass es bleiben. Alles ist in dem einen Worte zusammengefasst: weil die furchtbare Müdigkeit und die erdrückende Arbeit es nicht zuliessen. Während meines Europaaufenthalts (August bis Mitte November) habe ich mich sehr oft mit 4 – 5 Stunden Schlaf begnügen müssen. Tausend Dank für alle Zusendungen. Die Zeitschrift Südamerika ist ausserordentlich gestiegen.
Ich habe wirklich grosses Interesse für sie und lerne viel aus ihr. Das ist wirklich eine erfreuliche Leistung so ein Niveau zu halten. Dank für „Haben die Tiere eine Seele"? Mir aus dem Herzen geschrieben. Im Umgang mit ihnen verlernt man es diese Frage zu stellen. Ich bin so froh [,] dass Ihnen die Idee der Ehrfurcht vor dem Leben so viel bedeutet und dass Sie so für sie eintreten. Wie es um mich steht seitdem ich wieder hier in meiner Arbeit stehe, und wie es in Europa war, schreibt Ihnen Frl. Mathilde. Ich darf ja meiner armen Hand und besonders auch der überanstrengten Augen wegen nur kurz schreiben. Hier sende ich Widmungen für die Bücher. Die Hoffnung, dass wir einmal zusammenkommen werden, gebe ich nicht auf. Wäre das schön!
Nun noch eins. Ich finde es blöd, dass wir zwei, die wir durch die Idee der Ehrfurcht vor dem Leben so tief verbunden sind [,] einander Sie sagen. Also schreibe ich Dir von jetzt an Du, das mir mit dir leichter als Sie aus der Feder kommt, und zeige dich als intelligenten Menschen, in dem du dasselbe tust.

Viel Liebes, in tiefem Dank für dein Eintreten für die Idee der Ehrfurcht vor dem Leben
Dein gez. Albert Schweitzer

Dass dein Onkel im „Haben die Tiere eine Seele", wo du die Frage Gott stellst [,] das Wort „Ehrfurcht" gebraucht [,] ist ausserordentlich interessant.
Schopenhauer ist nicht drauf gekommen, der war zu sehr von dem indischen Stolz der Identitätsmystik mit dem Brahman berührt.
Ich hasse diese vertrauliche Identitätsmystik. So eine Aufgeblasenheit

Albert Schweitzer im 78. Lebensjahr
an E.R. Franke in Buenos Aires

M. F R Franke Sarmiento 815
Buenos Aires - Argentinien

Dr A Schweitzer 1.
Lambarene - Gabun
Franz. Equatorial
Afrika 7-2.52

Lieber Freund. Ich könnte zehn Seiten mit Entschuldigungen, dass ich so lange schwieg, füllen. Aber ich lass es bleiben. Alles ist in den einen Worte zusammengefasst: weil die furchtbare Müdigkeit u. die erdrückende Arbeit es nicht zuliessen. Während meines Europaaufenthalts (August bis Mitte November) habe ich mich sehr oft mit 4-5 Stunden Schlaf begnügen müssen. Innigen Dank für alle Zusendungen. Die Zeitschrift Südamerika ist ausserordentlich gediegen. Ich habe wirklich grosses Interesse für sie und lerne viel aus ihr. Das ist wirklich eine erfreuliche Leistung so ein Niveau zu halten. Dank für „Haben die Tiere eine Seele"? Mir aus dem Herzen geschrieben. Im Umgang mit ihnen verlernt man es diese Frage zu stellen. Ich bin so froh dass Ihnen die Idee der Ehrfurcht vor dem Leben so viel bedeutet und dass Sie so für sie eintreten. Wie es nun mich steht seitdem ich wieder hier in meiner Arbeitsstelle, und wie es in Europa war, schreibt Ihnen Frl Mathilde. Ich darf ja meiner armen Hand u. besonders auch der überanstrengten Augen wegen nur kurz schreiben. Hier sende ich Widmungen für die Bücher. Die Hoffnung, dass wir einmal zusammen kommen werden, gebe ich nicht auf. Wäre das schön!

Nun noch eins. Ich finde es blöd, dass wir zwei, die wir durch die Idee der Ehrfurcht vor dem Leben so tief verbunden sind einander Sie sagen. Also schreibe ich Dir von jetzt an Du, das mir mit dir leichter als Sie aus der Feder kommt, und zeige dich als intelligenten Menschen, in dem du dasselbe tust.

Viel Liebes, in tiefem Danke für dein Eintreten für die Idee der Ehrfurcht vor dem Leben

Dein Albert Schweitzer

Dass dein Onkel in „Haben die Tiere eine Seele", wo du die Frage gut stellst das Wort „Ehrfurcht" gebraucht ist ausserordentlich interessant. Schopenhauer ist nicht drauf gekommen, der war zu sehr von dem indischen Stoff der Identitätsmystik mit dem Brahman bereichert.

Ich kenne diese vertrauliche Identität.

Ina Seidel
(1885 – 1974)

INA SEIDEL

813 STARNBERG AM SEE/OBB.
OTTOSTRASSE 16
TELEFON 08151/2042

Sehr geehrter Herr Professor,

für Ihren freundlichen Brief danke ich Ihnen herzlich. In meinem hohen Alter ist man wohl besonders dankbar, von einem ernstzunehmenden Leser zu erfahren, daß doch die Werke aus der Zeit, als die Gestaltungskraft noch hinreichte größere Planungen auszuformen, noch lebendig zu wirken vermögen. Ich kann nicht sagen, daß es mir an geistiger Produktivität fehlt, aber die Konzentration und Ausdauer, deren ein größeres Themazu seiner Entstehung bedarf, scheint nach dem achtzigsten Jahr doch nachzulassen. Dazu trägt wohl auch das Gefühl bei, daß die Zukunft so kurz geworden ist, durchaus kein tragisches Gefühl, aber man ist sich dessen bewußt. Auch ist gerade in dieser Aera des sich tiefgreifend wandelnden literarischen Geschmacks ein Brief wie der Ihre für einen Autor meiner Generation ein aufrichtendes , sehr gutes Erlebnis.

So bitte ich Sie meinen Dank als ebenso aufrichtig anzunehmen, wie ich Ihren mir wertvollen Brief empfunden habe.

Mit allen guten Wünschen, besonders für Ihre volle Genesung, grüßt Sie

Ihre

Ina Seidel

Ina Seidel im 84. Lebensjahr
an den Herausgeber

28. Mai 1973

Sehr geehrter Herr Dr. . . . ,

ich danke Ihnen herzlich für Ihren freundlichen Brief, er hat mich sehr erfreut. Vielleicht liegt meine Vorliebe, über Kinder zu schreiben, daran, dass ich selbst eine erst zehn Jahre dauernde sehr glückliche Kindheit hatte, – bis zum Tode meines Vaters, durch den ich dann auch erfuhr, wie auch Kinder leiden können. Mein Vater, der Arzt (Chirurg) war [,] nahm sich in einem Nervenzusammenbruch das Leben. Das Buch „Vor Tau und Tag" ist erst im letzten Jahrzehnt erschienen, aber ich habe wohl (. . .) mein Leben lang daran gearbeitet [,] um mich von den Erinnerungen zu befreien. Da ich

Ina Seidel im 88. Lebensjahr
an den Herausgeber

INA SEIDEL

813 STARNBERG AM SEE/OBB.
OTTOSTRASSE 16
TELEFON 08151/2042

28. Mai 1973

Sehr geehrter Herr Dr. Wiedemann,
ich danke Ihnen herzlich für Ihren freundlichen Brief, er hat mich sehr erfreut. Vielleicht liegt meine Vorliebe, über Kinder zu schreiben, daran, daß ich selbst eine erst zehn Jahre dauernde sehr glückliche Kindheit hatte, – bis zum Tode meines Vaters, durch den ich dann auch erfuhr, wie auch Kinder leiden können. Mein Vater, der Arzt (Chirurg) war, nahm sich in einem Nervenzusammenbruch das Leben. Das Buch „Vor Tau und Tag" ist erst im letzten Jahrzehnt erschienen, aber ich habe wohl seit ich mein Leben lang daran gearbeitet um mich von den Erinnerungen zu befreien. Da ich

meine damals noch sehr junge Mutter [,]
die erst volle 50 Jahre [später] fast auf seinen
50. Todestag starb, nicht mit in
meinen Text hineinziehen wollte,
kommt sie nicht darin vor.
Sie hatte uns, ihre Kinder, mit grösster Tapferkeit und im Sinne des Vaters
erzogen.

Sollten Sie auch meinen „Lebensbericht“
kennen, (er ist allerdings nach einem ersten Band stecken geblieben),
so würden Sie Aufschluss über
das Schicksal meines Vaters finden.
Er war damals – 1895 – Chef der
chirurgischen Abteilung des
Braunschweiger Krankenhauses.
Ich habe das Kind in dem Buch
bewusst als älter, als ich damals
war, dargestellt, und noch andres
ebenfalls nicht ganz so dargestellt [wie es] war. Es kam mir nur auf
das Motiv „Vater und Kind“ an.

Mit wiederholtem Dank für
Ihr Verständnis

Ihre
gez. Ina Seidel, geb. Seidel

meine damals noch sehr junge Mutter
die erst volle 50 Jahre fast auf ~~den~~ seinen
50. Todestag starb, nicht mit in
meinen Text hineinziehen wollte,
kommt sie nicht darin vor.
Sie hatte uns, ihre Kinder, mit grösster Tapferkeit und im Sinne des Vaters
erzogen.
Sollten Sie auch meinen „Lebensbericht"
kennen, (er ist allerdings nach einem ersten Band stecken geblieben),
so würden Sie Aufschluss über
das Schicksal meines Vaters finden:
Er war damals – 1895 – Chef der
chirurgischen Abteilung des
Braunschweiger Krankenhauses.
Ich habe das Kind in dem Buch
bewusst als älter, als ich damals
war, dargestellt, und noch andres
ebenfalls nicht ganz so dargestellt war. Es kam mir nur auf
das Motiv „Vater und Kind" an.

Mit wiederholtem Dank für
Ihr Verständnis Ihre

Ina Seidel, geb. Seidel

Eduard Spranger
(1882 – 1963)
STDW

24.8.61.

Lieber Herr Doktor!

Die traurige Nachricht, die Sie mir in Ihrem lieben Geburtstagsbrief geben mußten, hat mich seitdem dauernd beschäftigt. Sie werden es verständlich finden und verzeihen, wenn ich Sie mit der Frage bemühe, wie sich denn nun Ihre Situation gestaltet hat. Eine ganz kurz gefaßte Postkarte würde genügen und – hoffentlich! – mir Beruhigung bringen.

Auch das Denken an die allgemeine Lage der Berliner muß das Herz mit Sorge erfüllen. Das kommt nun alles noch zu Ihrer persönlichen Lage hinzu!

Eduard Spranger im 80. Lebensjahr
an Eduard Lubowski in Berlin

PROFESSOR DR. EDUARD SPRANGER

TÜBINGEN 24. 8. 61.
Rümelinstr. 12

Lieber Herr Doktor!

Die traurige Nachricht, die Sie mir in Ihrem lieben Geburtstagsbrief geben mußten, hat mich seitdem dauernd beschäftigt. Sie werden es verständlich finden und verzeihen, wenn ich Sie mit der Frage bemühe, wie sich denn nun Ihre Situation gestaltet hat. Eine ganz kurz gefaßte Postkarte würde genügen und – hoffentlich! – mir Beruhigung bringen.

Auch das Denken an die allgemeine Lage der Berliner muß das Herz mit Sorge erfüllen. Das kommt nun alles noch zu Ihrer persönlichen Lage hinzu!

Wir sind vor 3 Tagen aus einer Erholungszeit zurückgekehrt, die nicht ganz den erwünschten Erfolg haben konnte. Erstens ist es mit der „Erholung" im höchsten Alter überhaupt so eine Sache. Man merkt nur, wie abgetakelt man schon ist, und „holt" sich oft nur noch anderes hinzu. Alpirsbach mit dem schönen Kloster, wo wir über 3 Wochen waren, ist im Hochsommer fast ebenso laut wie Tübingen; das ist das zweite Negative. Aber die beiden Schwestern meiner Frau leben als „Vertriebene" in Alpirsbach. Das darf man auf das Konto „Haben" setzen.

Meine Frau und ich grüßen Sie in treuem Gedenken und wünschen Ihnen alles, was Ihre Situation erleichtern kann.

Ihr stets dankbarer
gez. Eduard Spranger

Wir sind vor 3 Tagen aus einer Erholungszeit zurückgekehrt, die nicht ganz den erwünschten Erfolg haben konnte. Erstens ist es mit der „Erholung" im höchsten Alter überhaupt so eine Sache. Man merkt nur, wie abgetakelt man schon ist, und „holt" sich oft nur noch anderes hinzu. Alpirsbach mit dem schönen Kloster, wo wir über 3 Wochen waren, ist im Hochsommer fast ebenso kalt wie Tübingen. Das ist das zweite Negative. Aber die beiden Schwestern meiner Frau leben als „Vertriebene" in Alpirsbach. Das darf man auf das Konto „Haben" setzen.

Meine Frau und ich grüßen Sie in treuem Gedenken und wünschen Ihnen alles, was Ihre Situation erleichtern kann.

Ihr stets dankbarer

Eduard Spranger

Karl Reichsfreiherr vom und zum Stein
(1757 – 1831)
Nach einer Federzeichnung von Schnorr von Carolsfeld aus 1821. BPK

Cappenberg den 22. Febr. 1826.

Recht innig freute ich mich, ueber das Schreiben des ältesten u. bewährten Freundes meiner Jugend, und hier den Ausdruck seines redlichen treuen Gemüths, und seiner liebevollen Gesinnungen wieder zu finden; auch daraus zu sehen daß Er mit seiner Lage zufrieden ist, und das von so vielen ungerecht behandelte u. beurtheilte Berlin zu würdigen weiß.

Ich habe den ernsten u. festen Vorsatz [,] den folgenden Winter [,] wenn ich lebe [,] dort zuzubringen, und ihn dem Umgang meiner Freunde und dem Genuß des so vielen Guten und tüchtigen [,] was es in sich faßt [,] zu widmen. Gegenwärtig ist es nicht wohl thunlich, mancherleÿ Verhältniße halten mich hier, auch die Erwartung des Landtags, wo doch mehrere höchst interessante Gegenstände werden zur Sprache kommen, hinzu kommt meine Abneigung gegen das Reisen, mein zunehmender Hang zur Ruhe, und die Liebe zum Landleben, zum Bauen [,] Pflanzen [,] Verbessern usw. Pius questus [,] sagt der ältere Cato von der Landwirtschaft, stabilissimusque, minimeque invidiosus [,] minimeque male cogitantes sunt, qui in eo studio occupati sunt. – Ich wünschte [,]

Karl Reichsfreiherr vom und zum Stein im 69. Lebensjahr
an Franz von Reden in Berlin

Cappenberg d. 22. Febr. 1826.

Recht innig freute ich mich, beim Empfang des Schreibens des ältesten u. verehrtesten Freundes meiner Jugend, und für den Ausdruck seines redlichen treuen Gemüths, und seiner liebevollen Gesinnungen wieder zu finden, auch daraus zu sehen daß Er mit seiner Lage zufrieden ist, und ~~dem~~ so vielen Angemessene Beschäftigung u. nützliche Werke zu würdigen weiß.

Ich habe den ernsten u. festen Vorsatz den folgenden [illegible] [illegible] ich lebe dort zuzubringen, und ich den Umgang meiner Freunde und den Genuß der schönen Güter und kräftigen Werke in sich selbst zu ordnen.

Gegenwärtig ist es nicht recht thunlich, mancherley Verhältnisse halten mich hier, auch die Eröffnung des Landtags, wo doch mehrere sehr erhebliche Gegenstände werden zur Sprache kommen, jetzt traut meine Abneigung gegen das Reisen, mein zunehmender Hang zur Ruhe, und die Liebe zum Landleben, zum Bauen, pflanzen Verbessern u.s.w. maximeque quaestus sagt d. alte Cato von d. Landwirthschaft, stabilissimusque, minimeque invidiosus minimeque male cogitantes sunt, qui in eo studio occupati sunt. — Ich wünsche

Sie besuchten mich [,] mein alter treuer Freund [,] in meiner waldigen Einsamkeit [,] umgeben von der durch Römerkriege und Sachsenschlachten berühmten Gegend – u. bewohnt von einem Geschlecht [,] das in Sitte [,] Gesinnung [,] Wohnart, so viel altsassisches beÿbehalten hat.

Die Ausgabe der Quellen rückt vor, u. Pertz [,] der trefliche Pertz [,] ist unermüdet, warum unterstützen reiche Privatleute und Regierungen nicht dieses Unternehmen, und geben ihm einen mehreren Schwung, warum lehnte der Bischof v. Hildesheim alle Theilnahme ab, und hinterläßt ein paar Millionen seinem fratzenhaften Vettern –

Die Ereignisse im Norden sind traurig, das innere Mißvergnügen war nachdem [,] was ich in der Unterredung mit mehreren angesehenen Männern vernahm, groß, möge es dem jungen Kaÿser gelingen [,] die Gemüther zu beruhigen.

Empfehlen Sie mich [,] mein edler Freund [,] Ihren Damen, u. empfangen Sie die Versicherungen der ausgezeichneten Verehrung u. treuen Anhänglichkeit [,] womit ich beharre

Ew. Excellenz — Gehorsamster u. treuer Freund
gez. K v Stein

Sie besuchte mich mein alter treuer Freund in meiner
ehemaligen Einsamkeit umgeben von der durch Römer Kriege
und [illegible] berühmten Gegend — u. [bewohnt von] einem Pallast
der in [illegible] Geschichte erscheint, so viel als [illegible] bezeichnet hat.

Die Ausgabe der Quellen rückt vor, u. Pertz der treffliche
Pertz [illegible], [illegible] unterstützen reiche Privatleute
und Regierungen auch dieses Unternehmen, und geben ihm einen
wahren Schwung, darunter [illegible] der Bischof v. Hildesheim alle
Theilnahme ab, und [illegible] ein paar Millionen seiner [illegible]
Vettern —

Die Ereignisse im Norden sind traurig, [illegible]
[illegible] in d. Unterredung mit [illegible]
Männern [illegible], möge es dem jungen Kaiser gelingen
die Gemüther zu beruhigen. —

Empfehlen Sie mich mein edler Freund Ihrer Gemahlin, u. empfangen Sie
die Versicherung d. ausgezeichneten Verehrung u. treuen Anhänglichkeit womit ich
verharre

[illegible] Gehorsamster u. treuer Freund [illegible]

Fritz Straßmann
(1902 – 1980)
Fotografie aus 1974

STRASSMANN

65 MAINZ-UNIVERSITÄT
J. FRIEDR. V. PFEIFFER-WEG 6
TELEFON 31919

3.5.76

Lieber Martin!

Ich habe gehört, dass Sie sich für Naturwissenschaften interessieren. Das freut mich sehr! Da werden Sie sicher wissen, dass Otto Hahn und ich Chemiker waren - nicht Physiker, wie oft angenommen wird. Lise Meitner war die Physikerin, die über 30 Jahre mit Otto Hahn zusammengearbeitet hatte und Deutschland im Sommer 1938 verlassen musste, weil sie Jüdin war... Sie ging über Holland nach Schweden, und da sie schon um Sechzig war, hatte sie es nicht leicht, sich umzustellen!

Nachdem wir die Kernspaltung in Berlin entdeckt hatten, wurde Lise Meitner in Kenntnis gesetzt. Gemeinsam mit ihrem Neffen, dem Physiker Otto Robert Frisch (später Professor in Cambridge), hat sie unser Ergebnis mit physikalischen Methoden bestätigt.

Übrigens habe ich einen Sohn, der auch Martin heisst! Er ist gerade 36 Jahre alt geworden, hat voriges Jahr seinen Dr. gemacht. Was wollen Sie werden?? Ich schicke Ihnen einen Brief, den ich vor 30 Jahren an meine Schwester geschrieben habe. Mein Neffe fand ihn im Nachlass seiner Mutter und schickte ihn mir im vorigen Jahr. Lesen Sie aufmerksam: ich würde jungen Menschen, die heute vor der Berufswahl stehen, nichts anderes raten als damals...

Ich bin nun 74 und seit 2 Jahren nicht mehr im Vollbesitz meiner Gesundheit. Da macht es mir etwas Mühe, Englisch zu schreiben. Können Sie genug Deutsch? Sonst werden Sie sicher jemanden finden, der übersetzen kann. Zum Schluss möchte ich Ihnen noch empfehlen, in einer Bibliothek nach diesem Werk zu fragen: MC GROW-HILL MODERN MEN OF SCIENCE, 1968. Ich erhielt neulich die italienische Ausgabe von 1974 vom Verlag Mondadori/Mailand. Dieses Werk enthält viele zeitgenössische Wissenschaftler-Abbildungen mit Texten - es wird Sie interessieren.

- 2 -

- 2 -

Meine Frau hat einige Fotos für Sie ausgesucht. Der Kernreaktor wurde von mir erbaut - geliefert von General Motors. Leider konnte ich mit diesem vorzüglichen Instrument nicht mehr arbeiten: als der Reaktor nach 7 (!) Jahren fertig war, musste ich ihn meines Alters wegen den jüngeren Mitarbeitern überlassen.

Lieber Martin, Sie sehen: es geht im Leben nicht immer alles nach Wunsch. Es gibt kaum einen Menschen, der nicht irgendwann bittere Erfahrungen machen muss! Aber man darf nie den Mut verlieren und sollte versuchen, aus jeder Situation das beste zu machen. Glauben Sie mir: es geht!

Mit den besten Grüssen und allen guten Wünschen

Ihr

Fritz Straßmann.

Fritz Straßmann im 75. Lebensjahr
an einen jungen Nordamerikaner

Erich Tschermak, Edler von Seysenegg
(1871 – 1962)

23/VIII 1952

Lieber Herr Kollege!

Endlich ein Mal [sic!] von Ihnen ein Lebenszeichen! Viel
Trauriges habe ich in den letzten 10 Jahren erlebt;
im Juli 1950 ist meine gute, liebe Frau nach langem,
qualvollen Leiden gestorben. Den Winter 1945
und 1946 haben wir hier in der Sommervilla mei-
ner Schwägerin verbracht, da wir in Wien aus-
gebombt waren. Nun ist die Wohnung wieder
halbwegs hergerichtet, doch fühle ich mich sehr ein-
sam. Zu meinem 80. Geburtstag wurde ich auch
in Wien sehr geehrt, was meine Frau gewiß
sehr gefreut hätte. Voriges Jahr sowie in diesem
habe ich im Juli meine Freunde in Deutschland
besucht und in Gießen, Göttingen und Hannover

Erich Tschermak, Edler von Seysenegg, im 81. Lebensjahr
an den Humangenetiker Otmar Freiherrn von Verschuer in Münster i.W.

St. Wolfgang.

23/VIII 1952

Haus Hacker

Lieber Herr Rollez!

Endlich ein Mal von Ihnen ein Lebenszeichen! Viel Trauriges habe ich in den letzten 10 Jahren erlebt; im Juli 1950 ist meine gute, liebe Frau nach langem, qualvollen Leiden gestorben. Den Winter 1945 und 1946 haben wir hier in der Sommervilla meiner Schwägerin verbracht, da mein Heim und Atelier ausgebombt waren. Nun ist die Wohnung wieder her notdürftig hergerichtet, doch fühle ich mich sehr einsam. Zu meinem 80. Geburtstag wurde ich auch in Wien sehr geehrt, was meine Frau gewiss sehr gefreut hätte. Voriges Jahr sowie in diesem habe ich im Juli meine Freunde in Deutschland besucht und in Gießen, Göttingen und Hannover

vor den Studenten über meine
Lebenserinnerungen geplaudert.
Jetzt hat mich, als alten [sic!] früheren
Mitglied der Kaiser Wilhelm Gesellschaft
die Max Planck G. zu ihrem Mitglied
ernannt. Am Intern. Kongreß für
Anthropologie in Wien werde ich wol [sic!]
nicht teilnehmen können, da ich
hier bis Mitte September zu bleiben
gedenke. Aber vielleicht führt Sie
Ihre Reise durch das Salzkammer-
gut, so daß wir uns hier sehen könn-
ten? Bis auf gewisse Altersbeschwer-
den geht es mir ganz gut, doch
vermisse ich die Möglichkeit [,] mich
auch noch weiterhin experimentell
zu betätigen. Ich hoffe Sie und
Ihre verehrte Gattin wolauf [sic!] und
bleibe mit den besten Grüßen

Ihr ergebener
gez. E. Tschermak

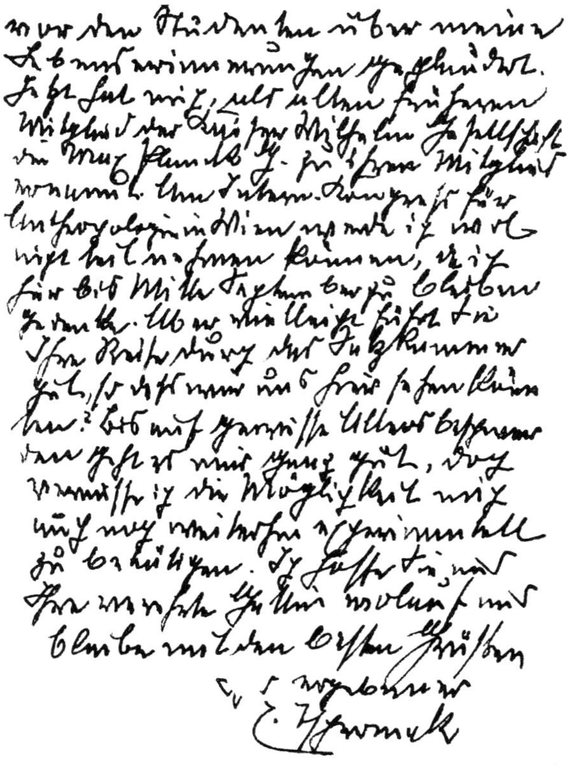

werden den Studenten über meinen
Leben und meinen [illegible] geschildert.
Jetzt hat mich, als ältesten früheren
Mitglied der [illegible] Gesellschaft
[illegible] zu ihrem Mitglied
ernannt. Am Internat. Kongress für
Anthropologie in Wien werde ich leider
nicht teilnehmen können, da ich
für die Mitteilungen [illegible] zu [illegible]
gedachte. Aber vielleicht führt Sie
Ihre Reise durch das Salzkammer-
gut, so daß wir uns hier sehen könn-
ten. Bis auf gewisse Altersbeschwer-
den geht es mir ganz gut, doch
vermisse ich die Möglichkeit mich
auch noch wissenschaftlich
zu betätigen. Ich hoffe Sie und
Ihre werte Familie wohlauf und
bleibe mit den besten Grüßen
Ihr ergebener
E. Tschermak

Voltaire
(1694 – 1778)
Stahlstich aus dem 19. Jahrhundert

à Ferney par Geneve
12 juillet [1764]

on a recours a ses amis dans l'occasion. je commence mon cher philosophe a recouvrer la vue. ma fluxion sur les yeux est tombee sur la gorge et la premiere chose que jay lue de mes yeux dans les nouvelles publiques c'est que Monsieur le duc de Virtemberg a quitté ses etats, que ses affaires sont dérangées, tous les payements arretez. La seconde, c'est que le duc a emprunté baucoup d'argent sur la terre de horbourg et de riquevir qui fournissaient jusqu'à present au payement d'une rente de 28000[tt] que jay sur luy, rente qui compose la meilleure partie de mon bien.

Je nay d'autre titre quune promesse de passer contract signee de la main du duc. je crois meme que je vous laissai en partant de colmar un double de cette promesse

Si vous avez ce double je vous prie de le faire homologuer au conseil souverain d'alzace et de le faire signifier au receveur de horbourg et de riquevir

ne pouriez vous pas meme pour prevenir tout abus luy faire signifier deffense de payer a d'autres quà moy, en attendant la signification de la promesse du duc valant contract? cest ce que j'ignore, et ce que je ne propose qu'en cas que votre jurisprudence le permette

Si vous navez pas ce double, mandez moy je vous prie si je dois vous envoier loriginal ou si je peux me contenter d envoier une copie légalisée

il est probable mon cher ami quon est instruit a colmar de tout ce qui regarde cette affaire. ayez la bonté de me dire ce que vous en savez et aimez votre vieil amy

sig. V

12e juillet 1764.

Lettre XXXVII

a ferney par geneve
12 juillet 1764

on a recours a ses amis dans l'occasion. je commence mon cher philosophe a recouvrer la vue. ma fluxion sur les yeux est tombee sur la gorge. et la premiere chose que jay lue de mes yeux dans les nouvelles publiques c'est que Monsieur le Duc de virtemberg a quitté ses etats, que ses affaires sont derangees, tous les payements aretez. la seconde, c'est que le Duc a emprunté baucoup d'argent sur la terre de horbourg et de riquevir qui fournissaient jusqu'a present au payement d'une rente de 28000^{tt} que jay sur luy, rente qui compose la meilleure partie de mon bien. (1)

je n'ay d'autre titre qu'une promesse de passer contract signee de la main du duc. je crois meme que je vous laissai en partant de colmar un double de cette promesse

Ferney über Genf
12. Juli [1764]

Man wendet sich gelegentlich hilfesuchend an seine Freunde. Ich beginne, mein lieber Philosoph, meine Sehkraft wiederzuerlangen. Die Entzündung meiner Augen ist [mittlerweile] auf den Hals übergegangen, und die erste Sache, die ich mit meinen eigenen Augen in den öffentlichen Nachrichten gelesen habe, ist, daß der Herzog von Württemberg seine Ländereien verlassen hat, daß seine Staatsgeschäfte ungeordnet sind und alle Zahlungen gestoppt. Die zweite, daß der Herzog viel Geld auf die Ländereien von Horburg und Reichsweiler geliehen hat, die bis heute die Zahlung einer Rente von 28000 Pfund sicherten, die er mir schuldet, einer [Kapital-] Rente, die den größten Teil meines Vermögens ausmacht.

Ich habe keine andere Urkunde [als Beweis für die Rechtslage] außer einem Versprechen, einen Vertrag abzuschließen, unterzeichnet von der Hand des Herzogs. Ich glaube sogar, daß ich Ihnen ein Doppel dieses Versprechens überließ, als ich aus Colmar abreiste.

Wenn Sie dieses Doppel haben, bitte ich Sie, es gerichtlich bestätigen zu lassen beim obersten Gerichtshof des Elsaß und es dem Steuereinnehmer von Horburg und Reichsweiler zustellen zu lassen.

Könnten Sie ihn nicht veranlassen, um jedem Mißbrauch vorzubeugen, ein Verbot zu erlassen, anderen außer mir Zahlungen zu leisten, während man auf die Zustellung des Versprechens des Herzogs wartet, das den Wert eines Vertrags hat? Dies ist es, was ich nicht weiß und was ich nur für den Fall vorschlage, daß Ihre Rechtsprechung es erlaubt.

Wenn Sie dieses Doppel nicht haben, lassen Sie mich bitte wissen, ob ich Ihnen das Original schicken muß oder ob ich mich damit begnügen kann, eine beglaubigte Abschrift zu übersenden.

Es ist wahrscheinlich, mein lieber Freund, daß man in Colmar über alles, was diese Angelegenheit betrifft, unterrichtet ist. Haben Sie die Güte mir mitzuteilen, was Sie davon wissen und bleiben Sie Ihrem alten Freund gewogen

gez. V.

Voltaire im 70. Lebensjahr
an Sébastien Dupont in Colmar

Si vous avez ce double je vous prie de le faire
homologuer au conseil souverain d'alzace
et de le faire signifier au receveur de
horbourg et de riqueuir
ne pouriez vous pas meme pour prevenir
tout abus luy faire signifier deffense de
payer a d'autres qu'a moy, en attendant
la signification de la promesse du duc valant
contract ? c'est ce que j'ignore, et ce que je
ne propose qu'en cas que votre jurisprudence
le permette
Si vous n'avez pas ce double, mandez moy
je vous prie si je dois vous envoier l'original
ou si je ~~puis~~ me contenter d'envoier une
copie légalisée
il est probable mon cher ami qu'on est instruit
a colmar de tout ce qui regarde cette affaire.
ayez la bonté de me dire ce que vous en savez
et aimez votre vieil amy V

Johann Friedrich Maximilian Baron von Waldeck
(1766 – 1875)
Holzstich. BPK

Paris 6 Octobre 1869.

74 Rue des Martyrs

Chere Madame,

Je viens de recevoir votre anxieuse et aimable lettre, croyez à toute la reconnaissance et au plaisir qu'elle m' a causée; on doit être heureux quand on a l'avantage de posséder vos sympathies. Mme de Waldeck est de retour de Londres depuis le 30 du mois dernier; mon fils fait aujourd'hui son entrée au Lycée Napoléon à Paris. Je jouis comme toujours de ma santé normale; mais je deplore le raccourcissement des jours qui ne me permettent que huit heures de travail, et encore je ne peux m'occuper de mon tableau vu que j'ai reçu d'une Dame anglaise la commande d'un sujet du regretable 93. la première journée de Marie Antoinete à la Consiergerie. Mes souvenirs sont assez vivaces pour me permettre d'espérer sortir heureusement de l'éxecution de ce tableau que je n'ai que six semaines pour accomplir, et j'éspere que vous le verrez avant qu'il parte. Croyez que l'oubli qui m'a privé du ruban n'a produit aucun effet de désapointement sur mon individu accoutumé aux deceptions de la vie! il me suffit que les personnes qui s'intéressent au centenaire le reconnaissent digne de cet honneur après tant de dangers courus, et de travaux accomplis.

Je suis heureux de savoir que vous êtes satisfaite de votre petit voyage et de la villégiature dont vous jouissez tous les ans; j'espère que Madame votre mère et vos aimables demoiselles s'amusent bien, dirais-je aussi Mr Edgar? est-il avec vous, ou à Paris? je n'ai pas de nouvelles de Mr Pompery ni du Dr Kalisch. Dans tous les cas chere Madame j'éprouve un sincère plaisir d'apprendre qu'un mois seulement, tout long qu'il soit, me sépare de ces bonnes causeries dont vous faites si aimablement les frais. Mme de W, se joint à moi pour vous assurer, (avec mille compliments à Mme votre mère, à vous, et a vos demoiselles)

du bonheur que nous éprouvons de vous revoir bientôt

sign. Max de Waldeck

Paris 6 Octobre 1869.

74 Rue des Martyrs

Chère Madame,

Je viens de recevoir votre gracieuse et aimable lettre, croyez à toute la reconnoissance et au plaisir qu'elle m'a causé; on doit être heureux quand on a l'avantage de posséder vos sympathies. Mme de Waldeck est de retour de Londres depuis le 30 du mois dernier; mon fils fait aujourd'hui son entrée au Lycée Napoléon à Paris. Je jouis comme toujours de ma santé normale; mais je déplore le raccourcissement des jours qui ne me permettent que huit heures de travail, et encore je ne peux m'occuper de mon tableau vu que j'ai reçu d'une Dame anglaise la commande d'un sujet du regrettable 93. la première journée de Marie Antoinette à la Conciergerie. Mes souvenirs sont assez vivaces pour me permettre d'espérer sortir heureusement de l'exécution de ce tableau que je n'ai que six semaines pour accomplir; et j'espère que vous le verrez avant qu'il parte. Croyez que l'oubli qui m'a privé du ruban n'a produit aucun effet de désapointement sur mon individu accoutumé aux déceptions de la vie! il me suffit que les personnes qui s'intéressent au Centenaire le reconnaissent

Paris, am 8. Oktober 1869

Straße der Märtyrer 74

Liebe gnädige Frau,

soeben erhielt ich Ihr besorgtes und liebenswürdiges Schreiben. Seien Sie meiner ganzen Dankbarkeit dafür versichert und der Freude, die mir Ihr Brief bereitet hat; wir schätzen uns wirklich glücklich, Ihre Anteilnahme zu genießen. Meine Frau ist seit dem 30. verg. Monats aus London zurück. Mein Sohn tritt heute ins Napoleon-Gymnasium unserer Stadt ein. Ich erfreue mich, wie immer, meiner Gesundheit. Aber ich beklage das Kürzerwerden der Tage, die mir nur mehr 8 Stunden Arbeit erlauben. Ich komme noch nicht dazu, mich meinem Bilde zu widmen, erhielt ich doch von einer Engländerin den Auftrag zur Darstellung eines Themas aus dem traurigen Jahr 93, nämlich des ersten Tages der Marie Antoinette in der Conciergerie. Meine Erinnerungen sind lebhaft genug, um mich hoffen zu lassen, dieses Bild, für dessen Vollendung ich nur 6 Wochen zur Verfügung habe, glücklich ausführen zu können und ich hoffe, Sie werden es sehen, bevor es abgeht. Glauben Sie mir, dass das Vergessen, durch welches ich um die Ordensschleife gekommen bin, in meinem mit den Täuschungen dieses Lebens vertraut gewordenen Ich keinerlei Enttäuschungseffekt hinterlassen hat! Es genügt mir, dass Diejenigen, die an einem Hundertjährigen Interesse nehmen, ihn nach sovielen durchstandenen Gefahren und erbrachten Leistungen dieser Ehrung für würdig erachten.

Ich freute mich zu hören, dass Ihre kleine Reise und der sommerliche Landaufenthalt, den Sie alljährlich genießen, Sie befriedigt hat. Möchten Ihre Frau Mutter und die liebenswürdigen jungen Damen sich gut unterhalten. Sollte ich sagen: auch Herr Edgar? Ist er bei Ihnen oder in Paris? Ich weiss nichts Neues betreffs Herrn Pompery sowohl als Dr. Kalisch. – Auf alle Fälle, liebe gnädige Frau, empfinde ich eine wahre Freude zu erfahren, dass ein Monat nur, so lang er auch sein mag, mich [noch] trennt von diesen angenehmen Plauderstunden, zu denen Sie in Ihrer Liebenswürdigkeit das Meiste beitragen. Seien Sie – mit tausend Grüßen an Ihre Frau Mutter, an Sie und an Ihre jungen Damen – versichert, daß meine Frau und ich glücklich sein werden, Sie bald wiederzusehen!

gez. Max von Waldeck

Johann Friedrich Maximilian Baron von Waldeck im 104. Lebensjahr
an eine befreundete Dame in Paris

digne de cet honneur après tant de dangers courus, et de travaux accomplis.

Je suis heureux de savoir que vous êtes satisfaite de votre petit voyage et de la villégiature dont vous jouissez tous les ans; j'espère que Madame votre mère et vos aimables demoiselles s'amusent bien, dirais-je aussi Mr Edgar? est-il avec vous, ou à Paris? je n'ai pas de nouvelles de Mr Pompery ni du Dr Kalisch. Dans tous les cas chère Madame j'éprouve un sincère plaisir d'apprendre qu'un mois seulement, tout long qu'il soit, me sépare de ces bonnes causeries dont vous faites si aimablement les frais. Mme de W. se joint à moi pour vous assurer, (avec mille compliments a Mme Votre mère, à vous, et a vos demoiselles) du bonheur que nous éprouvons de vous revoir bientôt

Max de Waldeck

George Washington
(1732 – 1799)
Stich nach dem Gemälde im Kapitol zu Washington

Mount Vernon 8.th Dec.^{er} 1799.

Sir,

I have received your letter of the 4.th instant, enclosing a Resolution of the Legislature of Maryland to take, on account of the State, One hundred & thirty shares in the augmented Capital of the Potomak Company – and thank you for your politeneß in forwarding of it to me.

Altho' this mode of obtaining money to complete the Navigation of the River, differs from the plan adopted at the last General Meeting of the Stock holders, and will make the original shares leß valuable than they would have been by the mode proposed (if it could have been carried into effect); yet, my primary wish being, to see a completion on almost any terms, I rejoice, sincerely, that the means are likely to be obtained, to effect so desirable an object; – and I trust that every exertion will now be made to complete the work with all poßible expedition. – I am Sir, – very respectfully,

Your most Obedient Servant
signed: G.^{e} Washington

John Mason Esqre

Mount Vernon 8. Dez. 1799

Mein Herr,

Ich erhielt Ihr Schreiben vom 4.d.M. mit der Entscheidung der gesetzgebenden Versammlung von Maryland, 130 Aktien von dem aufgestockten Kapital der Potomak-Kompanie zu übernehmen – besten Dank für Ihre Freundlichkeit der Übermittlung.

Dieser Weg der Geldbeschaffung zum Zwecke der Vervollständigung der Schiffbarkeit des Flusses weicht zwar von dem bei der letzten Generalversammlung der Aktionäre angenommenen Plan ab und wird den Wert der ursprünglichen Aktien (im Vergleich zu dem vorgeschlagenen Modus, wenn dieser hätte verwirklicht werden können) vermindern. Mein Hauptwunsch jedoch war und ist die Durchführung des Vorhabens unter nahezu jedweden Bedingungen, und ich bin wirklich froh, dass die Mittel nun wahrscheinlich erreichbar sind, das so wünschenswerte Werk zu realisieren. In dem Vertrauen, dass jetzt alle Bemühungen unternommen werden, die Aufgabe mit jeder nur möglichen Beschleunigung zu vollenden

verbleibe ich
mit aller Hochachtung
als Ihr gehorsamster Diener
gez. G. Washington

John Mason Hochwohlgeboren

George Washington im 68. Lebensjahr
– 6 Tage vor seinem Tode –
an John Mason in Georgetown

Mount Vernon 8th. Decr. 1799.

Sir,

I have received your letter of the 4th. instant, enclosing a Resolution of the Legislature of Maryland to take, on account of the State, One hundred & thirty shares in the augmented Capital of the Potomak Company — and thank you for your politeness in forwarding of it to me. —

Altho' this mode of obtaining money to complete the Navigation of the River, differs from the plan adopted at the last General Meeting of the Stock holders, and will make the original shares less valuable than they would have been by the mode proposed (if it could have been carried into effect); yet, my primary wish being, to see a completion on almost any terms, I rejoice, sincerely, that the means are likely to be obtained, to effect so desirable an object; — and I trust that every exertion will now be made to complete the work with all possible expedition. — I am Sir, — very respectfully,

Your most Obedient Servant

G:o Washington

John Mason Esqr.

James Watt
(1736 – 1819)
Gemäde um 1785. BPK

Heathfield January 16th 1815

Mr Tuffen

My Dear Sir

It is a long time since we heard from you, but the last time I heard of you I was glad to learn that your asthmatic complaint was better, we hoped you would have paid us a visit about Christmas, & that not having taken place I write to say that we hope you will make it out now, we have always a bed etc. at your service, and as an additional inducement to a hearty welcome, I shall venture to say that the asthma dare not visit you here.

As to news we have none but what is a family nature & that not of the best. My Grandson I. Miller has declined very much lately, I believe from overapplication to his destiny so that we are apprehensive of a consumption, his uncle has therefore prevailed upon Sir Isaac Coffin to take the care of him to Plymouth whereas in Cornwall we propose he should stay for the winter, & we hope for salutory effects from the milder climate and the sea air. We shall recommend him to Mr. Whitley the director of the Breakwater who we expect will find such employment, that his time may not (not) be lost in case of his hoped for recovery.

Mrs Watt you know went to Fanley (?) to be cured of Rheumatism but returned worse than she went. She is now somewhat better though far from being quit of them, still suffering very much especialy [sic!] upon the late violent changes of the weather, and as they seem to have intended a family visit they have fallen upon me also, so that I have almost been obliged to give up my usual mechanical amusements.

The Soho people are all pretty well, Mr Boulton better then he has been for many winters which he imputes to his method of warming or rather airing his home – my son ist in his usual health.

We have had a succession of rapid changes of weather but on the whole much milder then last winter,

I hear there is some trade going on at Birmingham in consequence of the prospect of peace with America, but I believe they have been badly enough off lately, and the farmers every where much worse, without a change of system they must be ruined & famine ensue –

As writing is rather a painful exercise to me I must stop, requesting to hear from you, or which is better to see you and wishing you many happy years, in which Mrs Watt joins

I remain yours affectionately
sign. James Watt

[P.S.:] Some time ago i gave Chambrey (?) directions to go on with the marble bust & Turner (50 Warren Street Fitzroy SqN) says he is far advanced with the engraving.

Mr Tuffen   Heathfield Jany 16th 1815

My Dear Sir

It is a long time since we heard from you, but the last time I heard of you I was glad to learn that your asthmatic complaint was better, we hoped you would have paid us a visit about Christmas, & that not having taken place I write to say that we hope you will make it out now, we have always a bed &c at your service, and as an additional inducement to a hearty welcome, I shall venture to say that the asthma does not visit you here

As to news we have none but what is a family nature & that not of the best, My Grandson J Miller has declined very much lately, I believe from an application to the desk, so that we are apprehensive of a consumption, his Uncle has therefore prevailed upon Sir Isaac Coffin to take the care of him to Plymouth ~~also~~ where or in Cornwall we propose he should stay for the winter, & we hope for salutary effects from the milder climate and the sea air. We shall recommend him to Mr Whidby the director of the Breakwater who we expect will find such employment that his time may

not—

Heathfield, den 16. Januar 1815

Lieber Herr Tuffen!

Es ist lange her, seitdem wir von Ihnen gehört haben, doch als ich das letzte Mal von Ihnen hörte, freute ich mich zu erfahren, daß Ihre asthmatischen Beschwerden sich gebessert hatten. Wir hofften, Sie würden uns zur Weihnachtszeit einen Besuch abstatten, doch da dies nicht geschah, schreibe ich [Ihnen] in der Hoffnung, daß Sie ihn jetzt machen werden. Wir haben immer ein Bett etc. zu Ihrer Verfügung, und als zusätzlichen Anreiz zu einer herzlichen Aufnahme wage ich die Behauptung, daß es kein Asthma wagen wird, Sie hier heimzusuchen.

Wir haben keine Neuigkeiten zu berichten bis auf eine Familienangelegenheit, und diese ist alles andere als erfreulich. Meinem Enkel I. Miller geht es in der letzten Zeit immer schlechter – wie ich vermute aufgrund seiner übermäßigen Grübelei über sein Schicksal –, so daß wir eine Schwindsucht befürchten. Sein Onkel hat deshalb Sir Isaac Coffin dazu bewogen, ihn nach Plymouth in Pflege zu nehmen. Den Winter dagegen sollte er auf unseren Vorschlag hin in Cornwall verbringen, und wir erhoffen uns von dem milderen Klima und der Seeluft eine Heilwirkung. Wir werden ihn Herrn Whitley, dem Direktor der Buhnenanlage, empfehlen, der vermutlich eine solche Beschäftigung für ihn finden wird, daß er seine Zeit im Falle der erhofften Genesung nicht verloren hat.

Meine Frau, wissen Sie, ist in Fanley (?) gewesen, um von ihren rheumatischen Beschwerden geheilt zu werden, doch kehrte sie in einem schlimmeren Zustand zurück. Inzwischen fühlt sie sich etwas besser, obwohl sie die Beschwerden noch keineswegs los ist. Sie leidet immer noch sehr, besonders unter den kürzlich erfolgten plötzlichen Witterungsumschwüngen, und da diese offenbar einen Familienbesuch beabsichtigt haben, sind sie auch über mich hergefallen, so daß ich fast dazu gezwungen worden bin, auf meine gewohnten mechanischen Spielereien zu verzichten.

Den Leuten in Soho geht es allen recht gut. Herrn Boulton in diesem Winter besser als in vielen früheren, was er seinen häuslichen Heiz- oder vielmehr Lüftungsmethoden zuschreibt. – Mein Sohn ist gesund wie immer.

Wir hatten eine Reihe von plötzlichen Witterungsumschlägen, doch ist es im großen und ganzen viel milder als im letzten Winter.

Ich höre, daß infolge der Friedensaussichten mit Amerika in Birmingham ein gewisser Handelsverkehr in Gang gekommen ist. Doch glaube ich, daß es ihnen in der letzten Zeit ziemlich böse ergangen ist und daß sich die Bauern überall in einer viel schlimmeren Lage befinden. Ohne einen Wechsel des Systems werden sie bestimmt ruiniert, und eine Hungersnot wird daraus folgen.

Da das Schreiben eine recht beschwerliche Anstrengung für mich ist, muß ich schließen, und ich bitte Sie sehr, von sich hören oder, besser noch, sich sehen zu lassen. Ich wünsche Ihnen, auch im Namen meiner Frau, viele glückliche Jahre

und verbleibe herzlich Ihr
gez. James Watt

[P.S.:] Vor einiger Zeit gab ich Chambrey Anweisungen, mit der Marmorbüste weiterzumachen, und Turner (50 Warren Street Fitzroy Square North) sagt, er sei mit dem Kupferstich schon weit vorangekommen.

James Watt kurz vor der Vollendung seines 79. Lebensjahres
an J.F. Tuffen in London

not be lost in case of his hoped for recovery.

— Mrs Watt you know went to Tenby to be cured of Rheumatism but returned worse than she went; she is now somewhat better though far from being quit of them, still suffering very much especially upon the late violent changes of the weather, and as they seem to have intended a family visit they have fallen upon me also, so that I have almost been obliged to give up my usual Mechanical amusements

The Soho people are all pretty well, Mr Boulton better than he has been for many winters which he imputes to his method of warming or rather airing his house — my son is in his usual health.

We have had a succession of rapid changes of weather but on the whole much milder than last winter, ~~the~~

I hear there is some trade going on at Birmingham in consequence of the prospect of peace with America, but I believe they have been badly enough off lately; and the farmers every where much worse; without a change of system they must be ruined & famine ensue —

As writing is rather a painful exercise to me I must stop, requesting to hear from you, or which is better to see you and wishing you many happy years, in which Mrs Watt joins

I remain yours affectionately

James Watt

Some time ago I gave Chantrey directions to go ~~on~~ with the Marble bust & Turner (50 Warren Street Fitzroy Sq N) says he is forwards with the engraving

Christoph Martin Wieland
(1733 – 1813)
Stich von Lindner nach dem Gemälde von Ferdinand Jagemann aus 1806

Weimar den 30ten Jun. 1804.

Theurester Freund,

Es wäre zu hoffen gewesen, daß Ihre Versetzung in das schöne Dr[esden] Ihnen wenigstens den Vortheil verschaffen würde, von der Last von Aufträgen, Anfragen u. dergl. womit Sie so häufig von mir heimgesucht wurden, befreÿt zu werden. Aber von dieser Plage werden Sie wahrscheinlich nur durch die ultimam lineam rerum freÿ werden. Flüchteten Sie Sich auch auf Acerbis Fußstapfen bis ans Nordcap, Sie würden, fürchte ich, auch dort vor mir nicht sicher seyn. Ergeben Sie Sich also nur geduldig in Ihr Schicksal, liebster Freund, und nehmen wenigstens den kleinen Trost von mir an, daß ich nur in äussersten Notfällen, d.i. wenn ich mir nicht anders zu helfen weiß, zu Ihrer so oft bewährten unbegränzten Gefälligkeit und Güte meine Zuflucht nehmen werde.

Diesmahl ist es wieder der gute H. Geßner, der mich indirecte dazu nöthigt. Umstände u. Vorfallenheiten, die zu weitläufig und taedios sind als daß ich Sie mit deren Erzählung behelligen möchte, haben Herrn Zellweger u. mich überzeugt, daß die gewünschte *nähere* mercantilsche Connexion zwischen Geßner und *Cotta* nicht wohl Statt haben kann. Der letztere hat mit seinen eignen weitschichtigen u. dispendiosen Geschäften zuviel zu thun, als daß ihm zugemuthet werden könnte, sich eines kleinen Profitchens wegen, auch noch mit fremden zu belästigen.

Nun entsteht die – für Geßnern äusserst wichtige – Frage: wo finden wir einen zuverläßigen tüchtigen und sorgfältigen *Commissionaire* für Geßnern – *in Leipzig?* – Ein mir unbekannter Buchhändler *Schmid* (oder Schmidt) ist dazu im *Vorschlag*, und ein andrer, mir nicht weniger unbekannter, nahmens *Reclam*, will für jenen *gut stehen*. Vermuthlich, l. B. sind Ihnen diese beide Männer näher als mir und Geßnern bekannt – oder Sie haben vielleicht Gelegenheit sichere Erkundigungen von selbigen einzuziehen: Wäre dies der Fall, so bitte ich Sie

Christoph Martin Wieland im 71. Lebensjahr
an Karl August Böttiger in Dresden

Theuerster Freund, Weimar den 30t Jun. 1804.

Es wäre zu hoffen gewesen, daß Ihre Versetzung in das schöne Dr. Ihnen wenigstens den Vortheil verschaffen würde, von der Last von Aufträgen, Anfragen u. dergl. womit Sie so häufig von mir heimgesucht wurden, befreyt zu werden. Aber von dieser Plage werden Sie wahrscheinlich nur durch die ultimam lineam rerum frey werden. Flüchteten Sie sich auch auf Acerbis Fußsteige bis zum Nordcap; Sie würden, fürchte ich, auch dort vor mir nicht sicher seyn. Ergeben Sie sich also nur geduldig in Ihr Schicksal, liebster Freund, und nehmen wenigstens den kleinen Trost von mir an, daß ich nur in äußersten Nothfällen, d. i. wenn ich mir nicht anders zu helfen weiß, zu Ihrer so oft bewährten unbegränzten Gefälligkeit u. Güte meine Zuflucht nehmen werde.

Diesmahl ist es wieder der gute H. Gaspari, der mich indirecte dazu nöthigt. Umstände u. Vorfallenheiten, die zu weitläufig und tediös sind als daß ich Sie mit deren Erzählung behelligen möchte, haben Herrn Zellweger u. mich überzeugt, daß die gewünschte nähere mercantilische Connexion zwischen Gaspari und Cotta nicht wohl statt haben kann. Der letztere hat mit seinen eigenen weitschichtigen u. dispendiösen Geschäften zuviel zu thun, als daß ihm zugemuthet werden könnte, sich eines kleinen Profitchens wegen, auch noch mit fremden zu belästigen.

Nun entsteht die – für Gaspari äußerst wichtige – Frage: wo finden wir einen zuverlässig tüchtigen und sorgfältigen Commissionair für Gaspari – in Leipzig? — Ein mir unbekannter Buchhändler Schmid (oder Schmidt) ist dazu in Vorschlag, und ein anderer, mir nicht weniger unbekannter, Nahmens Reclam, will für jenen gutstehen. Vermuthlich, l. B. sind Ihnen diese beide Männer näher als mir und Gaspari bekannt – oder Sie haben vielleicht Gelegenheit, sichere Erkundigungen von selbigen einzuziehen: Wäre dies der Fall, so bitte ich Sie mir das Resultat Ihres Wissens oder Ihrer Erkundigungen über die moralische u. ökonomische Zuverläßigkeit dieser Männer unter dem Sigel der Freundschaft, der Verschwiegenheit und mit dem Versprechen des behutsamsten Gebrauchs so bald als möglich mitzutheilen.

Sollte Ihnen auch überdies ein Subject bekannt werden, das die erforderlichen Eigenschaften hätte als Handlungs-Commis in Geßners Dienste zu Zürich zu treten und (nach Zellwegers Ausdruck) *die Lücke des Geschäftsmanns bey unserm guten Heinrich* (der dazu leider! nicht geschaffen zu seyn scheint) *zu ersetzen*: so würden Sie uns alle sehr verbinden, wenn Sie selbiges mit uns bekannt machen wollten. Dieser letztere Punkt hat indessen keine so große Eile – und meine diesfalsige Bitte ist daher auch nur provisorisch. Subjecte dieser Art, wie Geßner eines nöthig hätte, sind rara[e] aves in terris, und man kann sich nicht genug vorsehen um nicht an den unrechten zu gerathen. Ich bin von Ihrer Güte gegen Geßnern u. Ihrer Liebe zu mir zu sehr überzeugt, um Sie wegen der Unruhe, die ich Ihnen durch diese vertraulichen Aufträge mache, um Verzeihung zu bitten.

Seit 10 Tagen halte ich mich meistens in Tiefurt auf, wo das Wetter bis zum 28sten d[ieses] nur *zu* schön war; denn seit Jahren haben wir keine so lang anhaltende Dürre gehabt. Endlich hat sich gestern der Himmel über uns erbarmt, und scheint nun, allem Anschein nach, in vollem Maß ersetzen zu wollen, was er uns 6 Wochen lang entzogen hat. Nur ist es dabey so unchristlich kalt, daß ich stündlich besorge, der Regen werde sich noch zuletzt gar in Schnee verwandeln. Dem ungeachtet bin ich im Begriff wieder nach Tiefurt abzufahren, von wo ich gestern, einiger kleiner Geschäfte wegen, hieher kam; denn ich kann es nicht über mein Herz bringen, unsre gute Fürstin gerade dann zu verlassen wann Ihr Gesellschaft am nöthigsten ist. Ihren lieben Brief vom

mir das Resultat Ihres Wissens oder Ihrer Erkundigung über die
moralische u. ökonomische Zuverlässigkeit dieser Männer unter dem Siegel
der Freundschaft, der Verschwiegenheit und mit dem Versprechen des
behutsamsten Gebrauchs, sobald als möglich mitzutheilen.
Sollte Ihnen auch überdies ein Subject bekannt werden, das die
erforderlichen Eigenschaften hätte als Handlungs-Commis in Gassners
Dienste zu Zürich zu treten und (nach Zellwegers Ausdruck) <u>die Lücke
des Geschäftsmanns bey unserem guten Heinrich</u> (der dazu leider! nicht
geschaffen zu seyn scheint) zu <u>ersetzen</u>: so würden Sie uns alle sehr
verbinden, wenn Sie selbiges mit uns bekannt machen wollten.
Dieser letztere Punkt hat indessen keine so grosse Eile — und meine
diesfallsige Bitte ist daher auch nur provisorisch. Subjecte dieser Art,
wie Gassner eines nöthig hätte, sind rarae aves in terris, und man
kann sich nicht genug vorsehen um nicht an den Unrechten zu gerathen.
Ich bin von Ihrer Güte ganz gewiss u. Ihrer Liebe zu mir zu sehr über-
zeugt, um Sie wegen der Unruhe, die ich Ihnen durch diese vertraulichen
Aufträge mache, um Verzeihung zu bitten.

Seit 10 Tagen halte ich mich meistens in Teufen auf, wo das Wetter
bis zum 28sten d. nur zu schön war; denn seit Jahren haben wir
keine so lang anhaltende Dürre gehabt. Endlich hat sich gestern der
Himmel über uns erbarmt, und scheint nun, allem Anschein nach, in
vollem Maß ersetzen zu wollen, was er uns 6 Wochen lang entzogen hat.
Nur ist es dabey so unchristlich kalt, dass ich stündlich besorge, der
Regen werde sich noch zuletzt gar in Schnee verwandeln. Dem unge-
achtet bin ich im Begriff wieder nach Teufen abzufahren, von wo ich
gestern, einiger kleiner Geschäfte wegen, hieherkam; denn ich kann es nicht
über mein Herz bringen, unsere gute Fürstin gerade dann zu verlassen
wann Ihr Gesellschaft am nöthigsten ist. Ihren lieben Brief vom

24sten etwas umständlich zu beanworten, gebricht mirs (weil ich *diesen* gern unverzüglich abgehen lassen möchte) an Zeit. Also nur ein Wort über das Nöthigste. Die Correspondenz zwischen *der Dame* und Coppet geht noch immer stark: aber davon, daß Fr. v. St. von A.W. abgehalten werde, nächsten Winter in Weimar zuzubringen höre ich keinen Laut. Da aber auch eine Reise nach Italien im Vorschlag ist, so läßt sich leicht ermessen, daß Hr. A.W. sein möglichstes thun, und so laut, als ihm erlaubt seyn mag, Italiam, Italiam! rufen wird, wär es auch nur, um sich im Vaterland der Concetti in der edlen Sonnett-Drechslerkunst zu perfectionieren.

Schreiter scheint nicht werth zu seÿn, daß man sich weiter mit ihm abgebe, hoc scio pro certo etc. etc. Sollte Iffland hieher kommen, so werde ich die Gelegenheit nicht entwischen lassen, mich über meinen Einfall die schöne Helena betreffend, gegen ihn *auszuherzen*.

So Gott will hat Hÿgea, wenn dieses Blatt in Ihre Hände kommt, ihre heilbringenden Flügel wieder über Sie und die Ihrigen ausgebreitet. Beÿ mir ist alles leidlich wohl. Und nun adieu, lieber theurer Freund! Möge Ihre neue Lage Ihnen mit jedem Tage angenehmer und recht bald so zuträglich und vergnüglich werden als es von ganzem Herzen wünscht

Ihr lebenslänglich-treuergebener Fr.
gez. Wieland

[illegible] etwas umständlich zu beantworten, gebricht mir (weil ich diesen gern unverzüglich abgehen lassen möchte) an Zeit. Also nur ein Wort über das Nöthigste. Die Correspondenz zwischen der Dame und Coppet geht noch immer stark: aber davon, daß Fr. v. St. von A. W. abgehalten werde, nächsten Winter in Weimar zuzubringen hörte ich keinen Laut. Da aber auch eine Reise nach Italien im Vorschlag ist, so läßt sich leicht ermessen, daß Hr. A. W. sein möglichstes thun, und so laut, als ihm erlaubt seyn mag, Italiam, Italiam! rufen wird, wär' es auch nur, um sich im Vaterland der Concetti in der edlen [illegible]= Verschleierungskunst zu perfectioniren.

Schreiber scheint nicht werth zu seyn, daß man sich weiter mit ihm abgebe, hoc sit pro certo etc. etc. Sollte Iffland hieher kommen, so werde ich die Gelegenheit nicht unbenutzt lassen, mich über meinen Beifall die schöne Helena betreffend, gegen ihn auszusprechen.

So Gott will hat Hygiea, wenn dieses Blatt in Ihre Hände kömmt ihren heilbringenden Flügel wieder über Sie und die Ihrigen ausgebreitet. Bey mir ist alles leidlich wohl. Und nun adieu, lieber theurer Freund! Möge Ihre neue Lage Ihnen mit jedem Tage angenehmer und recht bald so zuträglich und vorzüglich werden als es von ganzem Herzen wünscht Ihr lebenslänglich-treuergebener Fr.

Wieland.

Marianne von Willemer, geb. Jung
(1784 – 1860)
Bleistiftzeichnung von Eduard von Steinle („am Theetisch auf Stift Neuburg"). FDH

Frankfurt [Nov.] 14. 60

Meine Liebe theure Freundin

Einige traurige aber herzliche Worte will ich
dießmahl an Sie selbst richten, von wo aus
mir schon so viel liebevolles tröstliches, und
ermuthigendes gekomen, wie gerne wäre ich
mitgereist als verkappter Ichtiosaurus [,] um der
dritte im Bunde zu seÿn, aber ich bin leider
noch so sehr maltraitiert von dem unbarmherzigen
Husten [,] daß ich noch keinen Athem habe, und so
mager wie eine Kirchenmaus geworden bin.
Heute Morgen war der Fritz noch einmahl
bei mir um zu sehen [,] ob ich gehen oder
bleiben sollte, und das Ende der Betrach-
tung war:, es wäre doch vernünftiger
noch zu warten. Der Wüthrich [,] nicht allein [,]
daß er mir nicht geholfen, er gestand
mir auch ganz unumwunden, daß es
ihm sehr lieb seÿ [,] daß ich nicht mitginge,
so mag er denn zu seiner Strafe Ihnen
deutlich beschreiben, wie es mir geht [,]
und, ich sage nur noch [,] daß ich hoffe [,]
Sie ganz gewiß noch diesen Monat zu
sehen und mich wie immer in Ihrer

Marianne von Willemer im 76. Lebensjahr
– 3 Wochen vor ihrem Tode –
an Sophie Schlosser in Stift Neuburg vor Heidelberg

Frankfurt d. 14. 60

Meine liebe theure Freundin

Einige traurige aber herzliche Zeilen will ich
Einsmahl an Dir selbst richten, gar wo auch
mir schon so viel liebevolles tröstliches, und
wohlthuendes gekommen, wie gerne wäre ich
mitgereist als gestrigen Festtisch an der
Bette im Hause zu sehen, aber ich bin leider
noch so sehr maltraitirt von einem unbarmherzigen
Husten daß ich noch keinen Athem habe, und so
mager wie eine Kirchenmaus geworden bin.
Heute Morgen war der Fritz noch einmahl
bei mir um zu sehen ob ich gehen oder
bleiben sollte, und das habe den Ausschlag
[illegible] war: es wäre doch gerathener
noch zu warten. Der Hofrath nicht allein
daß er mir nicht geholfen, er gestand
mir auch ganz unumwunden, daß es
ihm sehr lieb sey daß ich nicht mitginge
so mag er denn zu seiner Nachsicht
deutlich beschreiben, wie es mir geht
und, ich sage nun noch daß ich hoffe
Dich ganz gewiß nach diesem Monat zu
sehen und weiß wie immer in Ihrem

Nähe zu stärken und zu beleben, so
eben bricht das 6te Gewitter für heute
aus [,] man muß still halten und hoffen

meine besten Grüße an Clara, sie
soll mich nicht ganz vergeßen.

Gregor hat mich besucht und mir
von ihr erzählt.

Denken Sie an das arme Großmütterchen [,]
die nicht auf dem Stift ist, aber
mit treuen und Anhänglichkeit
ganz die Ihre.

gez. Mariane Willemer.

Von Hansen weiß ich nur [,] das er nicht
wohl ist.

Nähe zu stärken und zu beleben, so
aber bricht das böse Gewitter für heute
ab und man muß still halten und hoffen
meine besten Grüße an Clara, sie
soll mich nicht ganz vergessen.

Gregor hat mich besucht und mir
von ihr erzählt.

Denken Sie an das arme Großmütterchen
die nicht auf dem Posten ist, aber
mit Treue und Anhänglichkeit

ganz die Ihre.

Mariane Willemer.

Vor Hause weiß ich nur das innerlich
wohl ist.

Friedrich Wöhler
(1800 – 1882)
PKB

Göttingen 7. Nov. 1881.

Hochgeehrter Herr College.

Erlauben Sie mir Ihnen ein Anliegen vortragen zu dürfen, das jedenfalls für Sie als Mitglied der Societät d. Wiss.[enschaften] von Interesse sein wird. Doch bevor ich ad rem komme, wird es zweckmäßig sein, daß Sie zuvor das beifolg.[ende] Schreiben von Wüstenfeld lesen.

Ich bin mit Wüstenfeld ganz einverstanden, daß zur Erinnerung an das 50jährige Societäts-Jubiläum Weber's etwas geschehen müsste, und zwar – obgleich ex post – in der öffentl. Sitzung am 3. Sept. in Form einer *kurzen* Darstellung seines Lebens und Wirkens.

Sie, hochgeehrter College, der Sie Weber's Verdienste am genausten kennen und zu würdigen wissen, sollten sich, wie ich lebhaft wünsche, dieser kleinen Aufgabe unterziehen.

Wenn keine andere Abhandlung für die öffentl. Sitzung angemeldet wird, so hätten wir jedenfalls durch einen solchen Vortrag über Weber einen würdigen Gegenstand zur Feier des Tages. Ich meine ungefähr auf folgende Art:

Friedrich Wöhler im 82. Lebensjahr
– 10 Monate vor seinem Tode –
an den Mathematiker Moritz Stern in Wien

Göttingen 7. Nov. 1881.

Hochgeehrter Herr College.

Erlauben Sie mir Ihnen ein Anliegen vortragen zu dürfen, das ja ebenfalls für Sie als Mitglied der Societät d. Wiss. von Interesse sein wird. Doch bevor ich ad rem komme, wird es zweckmäßig sein, daß Sie zuvor das beifolg. Schreiben von Wüstenfeld lesen.

Ich bin mit Wüstenfeld ganz einverstanden, daß zur Erinnerung an das 50jährige Societäts-Jubiläum Weber's etwas geschehen müßte, und zwar – obgleich ex post – in der öffentl. Sitzung am 3. Dez. in Form einer kurzen Darstellung seines Lebens und Wirkens.

Sie, hochgeehrter College, der Sie Weber's Verdienste am genauesten kennen und zu würdigen wissen, sollten sich, wie ich lebhaft wünschte, dieser kleinen Aufgabe unterziehen.

Wenn keine andere Abhandlung für die öffentl. Sitzung angemeldet wird, so bietet sie jedenfalls durch einen solchen Vortrag über Weber einen würdigen Gegenstand zur Feier des Tages. Ich meine ungefähr nach folgender Art:

Sie würden damit beginnen, an die Bedeutung der heutigen Versammlung zu erinnern, daß es ihr Stiftungstag ist, daß dieser heute zum 30[.] Mal im zweiten Jahrh.[undert] ihres Bestehens begangen wird, – an den Stifter A. v. Haller –, an die späteren namhaften Directoren (Gauss etc.) an die berühmten beständigen Secretäre Heyne, Blumenbach, Hausmann, an die literar. Thätigkeit der Societät [,] Bände Gel.[ehrter] Anzeigen, seit 1859 22 Bände Nachrichten, an die Commentarii und Commentationes, an die inzwischen in deutscher Sprache herausgegeb. 28 Bände Abhandlungen, an die jährlich von einer der 3 Classen gestellten Preisfragen.

Dann auf passende Weise übergehen zu dem jetzigen Director Weber etc.

Nach dem Schlusse Ihres Vortrags würde von dem Secretär dessen nüchterner Geschäftsbericht gelesen und den eingegangenen Bearbeitungen der zoolog.[ischen] Preisfrage der Preis zuerkannt werden.

Sie würden damit beginnen, an die Bestätigung der richtigen [illegible] zu erinnern, daß es ihr Stiftungstag ist, daß dieser heute zum 30 mal in gleicher Zahl[illegible] festlich begangen wird, — an den Stifter A. v. Haller, — an die späteren namhaften Direktoren (Gauß etc.) an die berühmtesten beständigen Secretaire Heyne, Blumenbach, Hausmann, an die Litteratur[illegible] der meisten (Bände Gel. Anzeigen, seit 1859 22 Bände Nachrichten, an die Commentarii und Commentationes, an die nachher in deutscher Sprache herausgegeb. 28 Bände Abhandlungen, an die jährlich von einer der 3 Classen gestellten Preisfrage.

Dann noch zuletzt heute übergehen zu dem jetzigen Director Weber etc.

Nachdem [illegible] Vortrags würde von dem Secretair der [illegible] Geschichtsbericht gelesen und den eingegangenen Bearbeitungen der zoolog. Preisfrage der Preis zuerkannt worden.

Überlegen Sie sich einmal meinen Vorschlag und sagen [Sie] Ja. Verzeihen Sie daß ich Ihnen durch die obigen Andeutungen gleichsam vorgreife; sie sollen nur dazu dienen, um mich deutlich zu machen.

Ich selbst glaube mich einer solchen Aufgabe nicht mehr gewachsen, obgleich dieser Annahme der Umstand zu widersprechen scheint, daß ich die beiden letzten Glückwunschschreiben der Societät, an Hanssen und Bunsen, verfasst habe.

Mit grösster Hochachtung
Ihr
ganz ergebener
gez. Wöhler

Herrn Professor Stern
Wien.

Überlegen Sie sich einmal meinen Vorschlag und sagen Sie. Verzeihen Sie daß ich Ihr durch die obigen Andeutungen gleichsam vorgreife; sie sollen nur dazu dienen, mich deutlich zu machen. Ich selbst glaube mich einer solchen Aufgabe nicht mehr gewachsen, obgleich dieser Annahme der Umstand zu widersprechen scheint, daß ich die beiden letzten verdienten Glückwunschschreiben an Hansen und Bunsen, verfaßt habe.

Mit größter Hochachtung

Ihr ganz ergebener

Wöhler.

Herrn Professor Stern
hier.

Carl Zuckmayer
(1896 – 1977)
Bleistiftzeichnung von Graf von Luckner 1967. SNM

10.1.75

Sehr geehrter Herr Lenk,

natürlich setze ich meinen Namen gern unter
den Antrag zu freier Ausreise für den Sohn
von Carola Neher, mit der ich sehr befreundet war.

Ob ein solcher Antrag, hinter dem keine politische
Macht steht, irgendwelchen Erfolg verspricht,
muss ich leider bezweifeln.

Doch soll er auf jeden Fall gestellt und
von möglichst vielen namhaften Leuten
unterzeichnet werden.

Mit guten Wünschen und Grüssen,
Ihr
ergebener
gez. Carl Zuckmayer

Carl Zuckmayer im 79. Lebensjahr
an Rudolf Lenk

10. 1. 75

CARL ZUCKMAYER

3906 SAAS-FEE · SCHWEIZ

Sehr geehrter Herr Lenk,

natürlich setze ich meinen Namen gern unter den Antrag zu freier Ausreise für den Sohn von Carola Neher, mit der ich sehr befreundet war.

Ob ein solcher Antrag, hinter dem keine politische <u>Macht</u> steht, irgendwelchen Erfolg verspricht, muss ich leider bezweifeln.
Doch soll er auf jeden Fall gestellt und von möglichst vielen namhaften Leuten unterzeichnet werden.

Mit guten Wünschen und Grüssen,

Ihr ergebener

Carl Zuckmayer

Verzeichnis der Briefautoren nebst kurzen biographischen Angaben sowie Anmerkungen zu den Briefen

Verwendete Abkürzungen: E. Br. m. U. = Eigenhändiger Brief mit Unterschrift
Br. m. U. = Brief von fremder Hand mit eigenhändiger Unterschrift
S. = Seite(n)

Seite

Arndt, Ernst Moritz, Dichter, Historiker und bedeutender politischer Schriftsteller. Geb. 1769 auf Rügen; 1812 Sekretär des Freiherrn von Stein; 1818 Geschichtsprofessor in Bonn, wegen Teilnahme an der Burschenschaftsbewegung amtsenthoben und erst 1840 wiedereingesetzt; Mitglied der Paulskirche; gest. 1860 in Bonn a.Rh.. Charaktervoller und sprachgewaltiger Künder und Mahner deutscher Freiheits- und Einheitsideale, hat A. bis in sein höchstes Alter geisteskräftig und fruchtbar gewirkt.

E. Br. m. U., aus Bonn, vom 5. Januar 1838 (4 S., engst beschrieben, gr.–4°) an Karoline Hegewisch, geb. v. Linstow, in Kiel, die geist- und temperamentvolle Gattin des bedeutenden Arztes, großen Patrioten und Vertreters des älteren Liberalismus in Schleswig-Holstein (Prof. Dr. med., Dr. phil. h.c.) Franz Hermann Hegewisch (1783 – 1865). – Dahlmann, Friedrich Christoph, Historiker und Politiker, Schwager Karolines, war als einer der „Göttinger Sieben" nach deren Protest gegen die Aufhebung der Landesverfassung durch König Ernst August von Hannover aus seinem Lehramt an der Universität entlassen worden. Arndts Stellungnahme zu diesem absolutistischen Willkürakt wächst sich zu einem großen politischen Bekenntnis aus. Die andere „Lärmstange": die Verhaftung des Kölner Erzbischofs Droste zu Vischering, der die Abmachungen über gemischte Ehen nicht anerkannte. „Unser alter Herr in Berlin": König Friedrich Wilhelm III. Die „Niebuhriana": die als „Lebensnachrichten" erschienenen Briefe des bedeutenden Historikers Barthold Georg Niebuhr (1776 – 1831; von 1806–10 und 1813–23 im preußischen Staatsdienst), herausgegeben von seiner Schwägerin Dore Hensler. - Gegen Briefende hin Niederschrift von fünf Strophen des Arndt'schen Gedichts „Gerechtigkeit Gottes". Burchardi, Georg Christian (1795 – 1882), seit 1822 ord. Prof. des Römischen Rechts in Kiel; Pfaff, Christoph Heinrich (1773 – 1852), seit 1802 ord. Prof. in der Medizin. Fakultät in Kiel, vieljähriger ärztlicher Berater, auch politisch engagiert, auf Schloss Emkendorf. – Der Brief ist, mit zahlreichen z.T. gravierenden Lesefehlern, abgedruckt bei Albrecht Dühr, E.M. Arndt, Briefe, Bd. 2, Nr. 957, S. 537–542; Wissenschaftl. Buchgesellschaft Darmstadt 1973. Zwei Randnoten mit beiläufigen Bemerkungen sind dort wie hier nicht bzw. verkürzt wiedergegeben. Auf S. 3 eine Bleistiftnotiz von fremder Hand: Niebuhr's Kinder besuchten Bethmann Hollwegs. 3

Arnim, Bettina (eigentlich Anna Elisabeth) von, geb. Brentano, Dichterin und Schriftstellerin; phantasievoll-eigenwillige Frau von romantischem Lebensgefühl und oft leidenschaftlichem Engagement, Freundin vieler bedeutender Menschen. Geb. 1785 in Frankfurt a.M., gest. 1859 in Berlin.

E. Br. m. U., aus Berlin, vom 3. September 1854 (1 ½ S., gr.–4°) an eine offenbar noch sehr jugendliche „Freundin" Mathilde Wagner. Dem eigentlichen Brieftext vorangesetzt, Achim v. Arnims erstmals im Berliner Musenalmanach von 1831 auf S. 16 unter dem Titel „Kindergeschrei" abgedrucktes Gedicht „Schnabelweide" (vgl. Sämtliche Werke Band 22, Weimar 1856, S. 86). Bettina gibt in ihrem Brief Erläuterungen zur Entstehung des Gedichtes. Sie hat das „Liedchen" in 4 Strophen unterteilt, die erste und letzte zu je 4, die beiden mittleren zu je 6 Zeilen; es bestehen einige wenige textliche und eine Reihe orthographischer Unterschiede zu einer mir vorliegenden Niederschrift Archim v. Arnims (vgl. Wiedemann: „Kinder", Hansisches Verlagskontor Lübeck 1983, S. 28/29 u. 155). Nach eingehenden Recherchen erscheint der Brief *ungedruckt* und Mathilde Wagner ist einstweilen nicht näher identifizierbar. 13

Seite

Baer, Karl Ernst von, großer Naturforscher. Geb. 1792 in Estland, entdeckte er während seiner Tätigkeit an der anatomischen Anstalt in Königsberg (1817–34) die Eizelle (1827) und wurde zum Begründer der modernen Embryologie. Ab 1835 Mitglied der Kaiserl. Akademie der Wissenschaften zu St. Petersburg, folgten geographische Forschungsreisen sowie intensive anthropologische Studien. Als Evolutionsforscher vor Darwin blieb v. Baer, dem ungewöhnliche geistige Regsamkeit bis zum Tode beschieden war, den Auffassungen Darwins gegenüber bis zuletzt weitgehend eigenständig und kritisch (vgl. „Über Darwin's Lehre" in Reden, Bd. 2, St. Petersburg 1876). Seit etwa 1873 war er schwer sehbeeinträchtigt, signierte aber seine Briefe weiter selbst. Gest. 1876 zu Dorpat.

Br. m. U. (Postscriptum von einer zweiten Schreiberhand), aus Dorpat, vom „6. bis 18" Mai 1875 (3 S., gr. –8°) an einen Freund, wohl in Frankfurt a.M. Das Schreiben scheint bisher *ungedruckt* zu sein. 19

Blumenbach, Johann Friedrich, Anatom und Physiologe, Begründer der wissenschaftlichen Anthropologie und erster Universitätslehrer der vergleichenden Anatomie. Geb. 1752 in Gotha, gest. 1840 in Göttingen.

E. Br. m. U., aus Göttingen, vom 28. Oktober 1837 (½ S., gr.–4°) an einen Freund. Die sehr verzitterte Handschrift hat Bl., wie ein mir vorliegender Brief aus 1823 zeigt, bei geistiger Lebendigkeit und Schlagfertigkeit bereits fast 1 ½ Jahrzehnte zuvor in eher noch ausgeprägterer Weise geboten. – Die Briefe Blumenbachs werden z.Zt. zum Zwecke der Veröffentlichung in Göttingen zusammengetragen. 27

Born, Max, einer der bedeutendsten Wegbereiter der modernen theoretischen Physik, Nobelpreisträger; lieferte grundlegende Forschungen über Relativitätstheorie und Kristallgitter, begründete mit seiner Matrizentechnik eine neue Atomtheorie, hat die statistische Betrachtungsweise in die moderne Physik miteingeführt. Professuren in Berlin, Frankfurt a.M., Göttingen und, nach Emigration, Edinburgh (1936–53). Geb. 1882 in Breslau, gest. 1970 in Göttingen.

E. Br. m. U., aus Bad Pyrmont, vom 5. April 1955 (6 S., gr.–8°) an seinen Freund und zeitweiligen Weggenossen, den Physiker und Nobelpreisträger James Franck in Chicago. – Otto Warburg: Dtsch. Biochemiker, Nobelpreisträger, in Berlin (Arbeiten über Zellatmung, Photosynthese u.a.). Richard Courant: Dtsch. Mathematiker (ab 1934 in 31

New York). Max v. Laue: Dtsch. Physiker, Nobelpreisträger. Leopold Infeld: Polnischer Physiker. Gustav Hertz: Dtsch. Physiker, Nobelpreisträger (gemeinsam mit J. Franck), 1945–54 in der UdSSR tätig, dann in Leipzig. Richard Becker: Dtsch. Physiker. Otto Hahn: Dtsch. Chemiker, Nobelpreisträger. „timeo...": Ich fürchte die Amerikaner, auch wenn sie Geschenke bringen. Franck-Report: J. Franck hat in dieser 1945 erschienenen, berühmten Eingabe vor den politischen und wirtschaftlichen Folgen des Atombombeneinsatzes gewarnt. – Max Borns schöne Handschrift war über ein Jahrzehnt später noch ganz dieselbe. Sein Buch „Von der Verantwortung des Naturwissenschaftlers" erschien 1969. – Eine kurze gesundheitsbezügliche Passage zu einer dritten Person auf S. 4 unten/S. 5 oben des Briefes habe ich nicht wiedergegeben.

Buber, Martin, bedeutender jüdischer Religions- und Sozialphilosoph, Herausgeber und Erzieher von großer sprachlicher Gestaltungskraft und hohem Ausgleichsstreben (1923–33 Universität Frankfurt a.M., 1938–51 Hebräische Universität Jerusalem). Geb. 1878 in Wien, gest. 1965 in Jerusalem.

Originaltyposkript mit kleinen eigenhändigen Korrekturen 44
und e. U., aus Jerusalem, vom 13. März 1953, bald nach seinem 75. Geburtstag (1 ½ S., folio) an den philosoph. Schriftsteller Hans Blüher (1888 – 1955) über dessen Werk „Die Erhebung Israels" (1931). Buber stellt die ihm darin in den Mund gelegten Zitate, deren eines 1933 bei einem Verhör verwandt worden war, mit großer Sachlichkeit richtig. Ein nobler Brief! Das Schreiben ist (mit geringfügigen Auslassungen und orthographischen Abweichungen) abgedruckt und mit erklärenden Fußnoten versehen in: Martin Buber: Briefwechsel aus sieben Jahrzehnten. In drei Bänden. Hrsg. und eingeleitet von Grete Schaeder in Beratung mit Ernst Simon und unter Mitwirkung von Rafael Buber, Margot Cohn und Gabriel Stern. Bd. III: 1938 – 1965, S. 337–340. Heidelberg: Verlag Lambert Schneider 1975.

Burckhardt, Jacob, schweizer. Kultur- und Kunsthistoriker sowie Zeitkritiker von bedeutender Wirkung; Professuren in Zürich, dann Basel (1858–93); Hauptwerk: Die Kultur der Renaissance in Italien. Geb. 1818 in Basel, gest. 1897 daselbst.

E. Br. m. U., aus Basel, vom 17. Oktober 1891 (3 ¾ S., 8°) 49
an seine Schwester Johanna Veillon-Burckhardt in Aigle. Dalbenvorstadt (oder Dalben): mundartlich für St. Alban vorstadt, eine Straße der alten Basler Familien, in der auch J.B. wohnte; Enriques: ein Ehepaar (Zoelly-Veillon); den letzen Nachmittag: den verkehrten Nachmittag (Mundart); der alte Mann mit dem Portefeuille: s. die Abb. Der Brief ist gedruckt in: Jacob Burckhardt, Briefe, vollständige und kritische Ausgabe, bearbeitet von Max Burckhardt, Bd. IX, Nr. 1368 (S. 324–326; Anmerkungen: S. 568–570), Verlag Schwabe u Co., Basel 1980.

Carus, Carl Gustav, Arzt, Naturforscher, Maler und Philosoph, seit 1814 Professor in Dresden, befreundet mit C.D. Friedrich, A. v. Humboldt, auch Goethe. Geb. 1789 in Leipzig, gest. 1869 in Dresden.

E. Br. m. U., aus Dresden, vom 11. Dezember 1857 (2 S., 59
8°) an einen Redakteur, der ihn um Beiträge gebeten hatte. Der Text der zweiten Briefseite ist hier im Druck wie im Faksimile an den der ersten Seite angefügt worden. – Carus blieb produktiv bis an sein Lebensende, hat sich auch mit psychologischen Fragen fruchtbar beschäftigt und den Begriff des „Unbewussten" eingeführt.

Einstein, Albert, der große Physiker; Nobelpreisträger; begründete die spezielle, später die allgemeine Relativitätstheorie und lieferte entscheidende Beiträge zur Quantentheorie. Professuren in Zürich, Prag und Berlin; nach Emigration Wirken in Princeton N.J./USA. Geb. 1879 in Ulm, gest. 1955 in Princeton.

Originaltyposkript m. e. U., aus Princeton (Name und 63
vollständige Anschrift Einsteins sind eingepresst), vom 28. Mai 1954 (1 S., gr. –4°) an einen Herrn in Westdeutschland (dessen Name und Anschrift vom Herausgeber abgedeckt wurden).

E. Br. m. U. (A.E.), aus Princeton, vom 11. März 1955 (½ 65
S., quer-kl. –8°) an den namhaften ungarischen Internisten Johann (Janosch) Plesch (1878 – 1957; Berlin, London, Montreux), der in den zwanziger Jahren in Berlin Arzt der „Prominenz" war und auch Einstein betreut hat.

Fischer, Eugen, Anatom und Anthropologe, Mitbegründer einer neueren Anthropobiologie vor dem 1. Weltkrieg (Nachweis der Gültigkeit der Mendel'schen Vererbungsregeln für normale menschliche Rassenmerkmale). Professuren in Würzburg, Freiburg i.Br., Berlin; Mitglied der Berliner „Mittwochsgesellschaft" von 1927 bis zur Rücksiedlung des Emeritus 1943 ins heimatliche Baden. Geb. 1874 in Karlsruhe, gest. 1967 in Freiburg i.Br.

E. Br. m. U., aus Freiburg i.Br., vom 8. März 1964 (2 S., gr. 69
–4°) an Prof. Heinrich Schade in Düsseldorf. – Syndrome: hier im Sinne charakteristischer Muster angeborener Anomalien. Ethnologie: vergleichende Völkerkunde. – E. Fischer ist bis zuletzt geistig ganz wach und aktiv geblieben.

Fontane, Theodor, Balladendichter, Korrespondent und Theaterkritiker sowie, vor allem, begnadeter Erzähler mit dem Höhepunkt im Alterswerk! Geb. 1819 in Neuruppin, gest. 1898 in Berlin.

E. Br. m. U., aus Berlin, vom 5. Januar 1892 (2 S., gr.–8°) 75
an Frau Lise (Luise) Mengel, geb. Witte, auf Gut Elsenau bei Nakel bzw. Gnesen (Provinz Posen). In einer tagebuchmäßig nicht näher dokumentierten wichtigen Lebensphase des Dichters kurz nach dessen 72. Geburtstag (30. Dez. 91) in Fontanes charakteristischer Art geschriebener Dankesbrief. Noch am 20. Dez. hatte F. aus Berlin einen Brief an Hans Hertz gerichtet. Vom 21. bis zum 29. Dez. fehlen Selbstzeugnisse, und es scheinen auch bis heute keine (sonstigen) Hinweise auf eine in diesem Zeitraum erfolgte Reise bekannt geworden zu sein. Fontanes haben das Weihnachtsfest offenbar als Gäste in Elsenau – „unter den Polen" – verbracht; Tochter Mete (Martha) war noch dort geblieben; Lise Mengel war ihre engste Freundin. Auf mögliche Auswirkungen der mit dieser Reise verknüpften Eindrücke des unermüdlichen Beobachters Fontane auf sein Werk kann hier nicht eingegangen werden. – Dein Papa: Dr. Friedrich Witte, Jugendgefährte Fontanes in der Schacht'schen Apotheke in Berlin (wo Witte das Apothekertöchterchen als seine spätere Frau gewonnen hatte), inzwischen Chemiker und Fabrikant in Rostock (mit Villa auch in Warnemünde), zugleich ein namhafter Vertreter der Freisinnigen Volkspartei im Reichstag („der mächtige Parlamentarier" und „Pracht- . . mensch-Exemplar" von F. genannt). – Die älteste Tochter des Mengel'schen Ehepaares, Gertrud, geb. 1883, war Fontanes geliebtes Patenkind, dessen Anblick und Wesen als junges Mädchen den Dichter noch zwei Tage vor seinem Tode beglückt haben („ . . alles Natur, Menschheitsblüthe"). – Der mir aus alter Freundeshand der Familien Witte und Mengel überkommene Brief war offensichtlich bisher unbekannt.

Le Fort, Gertrud Freiin von, „die größte Dichterin der Transzendenz in unserer Zeit" (Carl Zuckmayer). Geb. 1876 in Minden, gest. 1971 in Oberstdorf.

E. Br. m. U., aus Oberstdorf, vom 21. Februar 1952 (2 ½ S., 81
gr.–4°) an den Dichter und Pfarrer Albrecht Goes in

Stuttgart. – „Unruhige Nacht“: packende Erzählung von Goes (1950); „Die Abberufung der Jungfrau von Barby“: Erzählung von G. von le Fort (1940).

Franck, James, Physiker; bedeutende Forschungen vor allem zur Quantenmechanik, Nobelpreisträger; zugleich ein besonders nobler, verantwortungsbewusster und tapferer Mensch und uneigennütziger Förderer Jüngerer. Professuren in Berlin, Göttingen und, nach Emigration, Baltimore und Chicago. Geb. 1882 in Hamburg, gest. 1964 in Göttingen.

E. Br. m. U., aus Durham, North Carolina, vom 4. März 1959 (1 S., 4°) zum 80. Geburtstag des ihm befreundeten Chemikers und Nobelpreisträgers Otto Hahn in Göttingen (mit Hahns Namenszeichen „H“ und Anstreichung einer Textpassage). 89

Friedrich II., der Große, König von Preußen, geb. 1712 in Berlin, gest. 1786 in Potsdam.

E. Br. m. U., ohne Ortsangabe, vom 23. Februar 1785 (1 S., 4°; leicht verblasst) an seinen Bruder, den Prinzen Heinrich von Preußen. Ein großer politischer Brief, nach dem Scheitern der auf einen Austausch Bayerns gegen die österreichischen Niederlande hinauslaufenden Pläne Kaiser Josephs II. – „Le prince des Deux ponds“: Herzog Karl von Zweibrükken; „L'Imperatrisse“: Katharina II.; „Romansof“: der russische Staatsmann Graf Rumjanzew; mit den „quelques Arangemens“ gegen Ende des Briefes ist wohl der von Friedrich geplante Fürstenbund gemeint, der am 23. Juli 1875 zustande kam. Friedrich d. Gr. – dessen Orthographie phantastisch genannt werden darf – hat bis nahe an seinen Tod schöpferisch tätig sein können. – Der vorliegende Brief konnte weder vom Geheimen Staatsarchiv in Berlin noch von mir selbst als gedruckt ermittelt werden; er ist jedenfalls in folgenden Werken nicht enthalten: Militärische Correspondenz des Königs Friedrichs des Großen mit dem Prinzen Heinrich v. Preußen (4 Bde., Berlin u. Potsdam 1851–54 bei F. Riegel); Dreihundert Briefe Friedrichs des Großen (hrsg. v. A. Kannengießer, Leipzig 1898 bei Ph. Reclam jun.); Briefe Friedrichs des Großen (2 Bde., hrsg. v. M. Hein, Berlin 1914 bei R. Hobbing); Politische Correspondenz Friedrich's des Großen (46 Bde., 1879–1939, G. Stalling Oldenburg i.O. u. Berlin). 93

Frisch, Karl von, österreichischer Zoologe; bedeutende sinnesphysiologische und ethologische Forschungen besonders an Fischen und Bienen, Nobelpreisträger als Mitbegründer der modernen Verhaltensforschung. Professuren in Rostock, Breslau, München, Graz und wiederum München. Geb. 1886 in Wien, gest. 1982 in München.

E. Br. m. U., aus dem Familien-Feriensitz Brunnwinkl bei St. Gilgen (Salzkammergut), vom 5. August 1978 (1 ¾ S., gr.–4°) an einen Herrn Carl Davis in Long Island City, N.Y., („a science teacher at Grover Cleveland High School for over thirty years“ who „maintains a life-long interest in scientific achievements“). Sachliche Aussage zu Notwendigkeiten unserer Zeit. – K. v. Frisch war noch im hohen Alter unermüdlich tätig. 97

Fröbel, Friedrich, der große Erzieher, Schul- und „Kindergarten“-Gründer und Begründer des ganzheitlichen Denkens in der Pädagogik. Geb. 1782 in Oberweißbach (Thüringer Wald), gest. 1852 in Marienthal (bei Bad Liebenstein/Thür.).

E. Br. m. U., aus Marienthal (einem Fröbel vom Herzog. v. Meiningen zur Verfügung gestellten Schlösschen), vom 29. Dezember 1850 (4 S., eng beschrieben, 8°) mit lithographiertem Briefkopf (Ansicht der „Bildungsanstalt Marienthal“; handschriftliche Ergänzung Fröbels: „für allseitige Lebenseinigung“); Eingangs- u. Beantwortungsvermerk des Empfängers, des Lehrers C. Rohrbach in Berlin. Adjektive, die Fröbel hervorheben wollte, hat er häufig großgeschrieben. – „Friedrich Fröbels Wochenschrift. Ein Einigungsblatt für alle Freunde der Menschenbildung“ umfasste nur einen Jahrgang (1850), die letzten der 52 Nummern erschienen aber erst 1851. Rohrbach ist durch seine Beiträge in dieser (zweiten) Fröbel'schen Kindergarten-Wochenzeitschrift bekannt; sie waren selbständiger und in der Interpretation vorsichtiger sowie eingehender als die Wichard Langes. Letzterer hat die Wochenschrift redigiert; durch Heirat einer Nichte Fröbels war er mit Fröbel verwandt geworden. Er hat später Friedrich Fröbels gesammelte pädagogische Schriften (3 Bde., Berlin 1862/63) herausgegeben. Diesterweg: Adolph Diesterweg (1790 – 1866), der bedeutende Pädagoge, hat sich für die Anerkennung der Fröbel'schen Erziehungstheorie nach Fröbels Tode intensiv eingesetzt. Frau von Mahrenholz: Bertha von Marenholtz-Bülow (1810–93) erreichte durch ihren unermüdlichen Einsatz später eine Ausbreitung des Kindergartengedankens über ganz Europa. – Der Brief mit seinem für Fröbels Anschauungen und pädagogische Ziele (durchgehender Bezugspunkt: das „Ganze“, die „Allheit“) charakteristischen Inhalt wird hier erstmals veröffentlicht. 103

Galton, Francis (1909 geadelt), englischer Naturforscher, Arzt und Anthropologe; Begründer der Humangenetik und, Vetter Charles Darwin's, Verfechter eugenischer Vorstellungen. Geb. 1822 in Birmingham, gest. 1911 in London.

E. Br. m. U., aus Haslemere, vom 29. Februar 1908 (2 S., kl.–8°), wohl an einen „Kollegen“. Galton äussert sich in dem Schreiben kritisch gegenüber einer fremden Beobachtung bzw. Annahme und selbstkritisch zu einer früheren eigenen Untersuchung und Veröffentlichung. – „Quarterings“: wohl soviel wie Quartil-Einteilung (wie G. sie zum Studium von Verteilungskurven und Korrelationen bevorzugt hat); „Almanach de Gotha“: die Gothaischen Taschenbücher des Adels. – Noch in seinem 9. Lebensjahrzehnt hat Galton seine eugenischen Auffassungen und Lehren leidenschaftlich vertreten. 113

Gide, André, französischer Schriftsteller von großer Vielseitigkeit und ausserordentlicher Auswirkung auf das geistige Frankreich; literaturkritisches, biographisches und autobiographisches Werk, Übersetzungen, Erzählungen, Romane, Dramen, Gedichte. Nobelpreisträger. Geb. 1869 in Paris, gest. 1951 daselbst.

E. Br. m. U., ohne Ortsangabe, vom 9. Februar 1947 (2 S., gr.–8°), an seinen Freund Achard. – J.-L. Barrault: bedeutender französischer Schauspieler und Regisseur; Kafka's „Prozess“: postum 1925 veröffentlichtes Romanfragment Franz Kafka's. – Der 78jährige Gide arbeitete „mit Enthusiasmus“. 119

Gleim, Johann Wilhelm Ludwig, Dichter sowie Briefsteller, Freund und Förderer junger Talente. Geb. 1719 in Ermsleben/Sachsen, gest. 1803 in Halberstadt.

E. Br. m. U., aus Halberstadt, vom 23. November 1792 (3 ¾ S., 8°; mit gedruckter Randleiste). Geburtstagsglückwunsch, mit Übersendung eines Buches, an die 21jährige Gräfin Luise zu Stolberg-Wernigerode (1771 – 1856), spätere Frau v. Schönberg. In einer längeren Nachschrift geht Gleim auf den Einfall der französischen Revolutionsarmee in die Rheinlande ein. – „Wie die zu Tremsbüttel“: Gräfin Luise zu Stolberg-Stolberg, geb. v. Reventlow, die geistig bedeutende Gattin des Dichters Christian Stolberg, der 1777 – 1800 Amtmann zu Tremsbüttel in Holstein war; „itzt im Himmel sizenden“: wohl im Sinne von jungvermählten; „Herr von Butler“: vielleicht v. Buttlar. – Gleim 125 ist als alter Mann nicht mehr produktiv gewesen, blieb aber voll reger Anteilnahme an Menschen und Geschehnissen. – Der Brief könnte bisher ungedruckt sein.

Gluck, Christoph Willibald Ritter von, der große Komponist. Geb. 1714 in Erasbach (Oberpfalz), gest. 1787 in Wien.

Br. m. U. „Gluck" (was sehr selten ist, da der Komponist in seinen Briefen an Kruthoffer seine Unterschrift aus Zensurgründen meist fortließ), aus Wien, vom 4. August 1783 (1 S., 4°) an seinen Freund, den kaiserlich-österr. Gesandtschaftssekretär Franz Kruthoffer in Paris. Es handelt sich in dem Schreiben („Mattonische Affaire") um Glucks schon seit 1779 schwebenden Streit mit dem Pariser Verleger Charles Mathon de la Cour, der dem Komponisten Geld schuldete. Im vorrevolutionären Frankreich herrschte Geldentwertung und Gluck versuchte, sein Guthaben in bar einzutreiben. „Mauth" (Maut): Zoll; „wider Willen": Widerwillen; Glucks Unmut über die Säumigkeit des Verlegers weitete sich nun auf „die Franzosen" aus. „Nach London": der Direktor der italienischen Oper in The King's Theatre hatte Gluck nach London eingeladen, und der noch in voller geistiger Frische befindliche 70-Jährige scheint den Plan ernsthaft erwogen zu haben. – Das Schreiben ist bei Kinsky (1927) S. 71 mit minimalen orthographischen Abweichungen sowie bei Müller von Asam (1962) in englischer Übersetzung gedruckt. 135

Goethe, Johann Wolfgang von, geb. 1749 zu Frankfurt a.M., gest. 1832 in Weimar.

E. Br. m. U., sehr sorgfältig und förmlich geschrieben, aus Weimar, vom 7. Juli 1829 (1 S., gr.–4°) an Henriette Freifrau von Pogwisch, Hofdame der verwitweten Großherzogin Luise (und Mutter seiner Schwiegertochter Ottilie). – Bei der „munter auftretenden Portia" handelte es sich vielleicht um ein Jugendwerk von Friedrich Preller d.Ä. (1804 – 1878), der 1826–31 erstmals in Italien war; Portia: Heldin in Shakespeares „Kaufmann von Venedig"; in Shakespeares „Julius Caesar" die Frau des Brutus. – Der Brief ist gedruckt in der Sophien-Ausgabe Bd. 46 als Nr. 8. 139

Hahn, Otto, Chemiker. Entdeckte, gemeinsam mit dem Chemiker Fritz Straßmann, Ende 1938 die Kernspaltung, die von der Physikerin Lise Meitner, Hahn's langjähriger früherer Mitarbeiterin, alsbald mit physikalischer Methodik bestätigt wurde. Seit 1928 Direktor der Kaiser-Wilhelm (später Max-Planck-) Instituts für Chemie, 1946–60 Präsident der Max-Planck-Gesellschaft. Nobelpreisträger. Geb. 1879 in Frankfurt a.M., gest. 1968 in Göttingen.

E. Br. m. U. (auf der Rückseite einer vorgedruckten Dankeskarte – die auch Hahns Bild, hier eigenhändig signiert, zeigt – nach seinem 80. Geburtstag), aus Göttingen, vom 24. März 1959 (1 S., kl.–8°, gelocht) an den Schriftsteller Hans Eberhard Friedrich in Hamburg. 143

Hauptmann, Gerhart, Dichter, besonders Dramatiker. Nobelpreisträger. Geb. 1862 in Obersalzbrunn/Niederschlesien, gest. 1946 in Agnetendorf i. Riesengebirge.

Originaltyposkript m. e. U., aus Rapallo, vom 3. Februar 1938 (½ S., 8°) an den Antiquar Seuffer (wobei es sich um Karl S. in München oder Fritz S. in Bayreuth, beide verstorben, gehandelt haben dürfte – *nicht* um Walter S. in Berlin). – Das zunächst so beiläufig erscheinende Briefchen ist insofern von hohem Interesse, als G. Hauptmann ein äusserst gespaltenes Verhältnis zu seinem Generationsgefährten Freud, dessen Auffassungen und Lehren gehabt hat. Einerseits gibt es eine Fülle von wahren Schmähungen Freuds und der Psychologie schlechthin aus seiner Feder; auf der anderen Seite stehen ein genaues Studium Freud'scher Schriften, eine öffentliche (und sicherlich erst recht geheime) Anerkennung der Psychoanalyse, ein Konkurrieren beinahe um Priorität in puncto Traumanalyse – und ein heimliches, hartnäckiges Forschen nach einer angeblichen Äusserung Freuds über „Hanneles Himmelfahrt", wofür der vorliegende Brief einen Beweis darstellt. Inzwischen wurde versucht, den „ganzen Hauptmann" psychoanalytisch zu interpretieren. – (Vgl. C.F.W. Behl „Zwiesprache mit Gerhart Hauptmann", Kurt Desch, München 1949, S. 65/66, 104, 233; Jean Jofen „Das letzte Geheimnis", Francke, Bern 1972; vor allem: K.S. Guthke „Hauptmann und Freud", Neue Dtsch. Hefte 26/1 (1979) 21–44; hier ist unser Brief erstmals abgedruckt). 147

Haydn, Joseph, der klassische Meister der Instrumentalmusik. Geb. 1732 in Rohrau (Niederösterreich), gest. 1809 in Wien.

E. Billet (oder Brieffragment?) m. U., aus Wien, vom 6. November 1805 (1 S., quer–8°) an eine unbekannte Empfängerin. „Von Hauß in der kleinen Steingasse": Haydn hatte das Haus „Untere Steingasse 71" im Wiener Vorort Gumpendorf im Herbst 1793 erworben, es allerdings erst im Sommer 1797 bezogen. – Ausgehend von Haydns Gruß an „Frau v. Swab", in der ich die damals 63jährige Frau Katharina v. Schwab, geb. v. Häring (1752 – 1825), Gattin des Großhändlers Ignaz v. Schwab (1750 – 1811), vermute, möchte ich als Adressatin des Briefchens deren Nichte, die damals 23jährige Theresia van der Nüll (geboren 1782 zu Wien), annehmen. Tochter des verstorbenen Großhändlers Philipp Schwab, war Theresia seit 3 Jahren Gattin des Friedrich Jakob van der Nüll (öffentl. Gesellschafter des Großhandelshauses Ignaz v. Schwab), kinderlos, und führte am Michaelsplatz 253 in Wien damals ein großes Haus. Ihr Mann, nahezu doppelt so alt wie sie, war „a passionate admirer of Haydn and 'amateur' of music" sowie vielfacher Kunstsammler (er ist uns aus an ihn gerichteten Briefen Haydns aus 1790 u. 1796 bekannt); das Haus am Michaelsplatz empfing 1805 u.a. Cherubini und den Sänger Crescentini. Haydn, der „immer höflich und galant gegen die Frauen" gewesen ist, könnte sehr wohl an der Gegenwart der jungen Frau Theresia seine besondere Freude gehabt haben. Und vielleicht auch Trost – denn es war ja eine dramatische Zeit (11. Nov.: Schlacht bei Dürnstein in der Wachau; 13. Nov.: Napoleons Einzug in Wien – das bis zum 13. Januar 1806 besetzt blieb; 20. Nov.: Uraufführung von Beethovens Fidelio im Theater an der Wien; 2. Dez.: Drei-Kaiser-Schlacht bei Austerlitz)! Haydns Schaffen hat noch bis in sein Alter gereicht („Die Jahreszeiten" 1801!), nicht aber mehr in sein 8. Lebensjahrzehnt. Am 10. Mai 1803 hat er zum letzten Mal dirigiert. 151

Vgl. H.C. Robbins Landon: Haydn. Chronicle and Works, 5 Vol., Thames a. Hudson, London 1976–1980; Caroline Pichler: Denkwürdigkeiten aus meinem Leben, neue Ausg. hrsg. v. E.K. Blümel, Bd. 1, München, Georg Müller 1914. – Nach Dénes Bartha (Joseph Haydn. Gesammelte Briefe und Aufzeichnungen, Bärenreiter, Kassel . . . , 1965) war unser Blatt, seitdem es 1892 als im Besitz von Max Friedländer in Berlin verzeichnet wurde, verschollen; nach H.C. Robbins Landon's CCLN (The collected Correspondence and London Notebooks of Joseph Haydn, Barrie a. Rockliff, London 1959, p. 345) und Bartha ist „no copy available" und bisher kein Druck erfolgt!

Hoffmann, Erich, Dermatologe, entdeckte 1905 gemeinsam mit dem Zoologen Fritz Schaudinn den Erreger der Syphilis. Professur in Halle und (von 1910 bis zum Verlust des Lehrstuhls 1934) in Bonn a.Rh. Große Verdienste auch um die Syphilisbehandlung. Geb. 1868 in Witzmitz (Pommern), gest. 1959 in Bonn.

E. Br. m. U., aus Bonn, vom 10. Mai 1954 (2 S., querkl.–8°) an den Humangenetiker Prof. O. v. Verschuer in 155

Münster i.W. betreffs Themen medizinischer Doktorarbeiten. – Siemens, H.W. (1891 – 1969) Dermatologe in Leiden; Pinkus, F. (1868 – 1947). Dermatologe in Berlin; „Jadass. Hdb.“: Handbuch der Hautkrankheiten von J. Jadassohn (1863 – 1936), Dermatologe in Bern und Breslau; Moncorps, C. (1896 – 1952), Dermatologe in Münster i.W.; Kehrer, F., Neurologe u. Psychiater daselbst. – E. Hoffmann war ein ganz ausserordentlich produktiver, zugleich über ein eminentes Gedächtnis verfügender Wissenschafter und blieb (wie auch an den Herausgeber gerichtete Handschreiben aus seinem 89. Lebensjahr belegen) bis in sein hohes Alter geistig ungewöhnlich beweglich.

Hoffmann, Heinrich (unter Hinzufügung des Namens seiner Frau Hoffmann-Donner genannt), Psychiater – der als Begründer der Jugendpsychiatrie gelten darf –, Schriftsteller, Verfasser und Zeichner des weltbekannten „Struwwelpeter“ u.a. Kinderbücher, auch Autor von Gedichten und gesellschaftskritischer Prosa; Abgeordneter des Vorparlaments der Frankfurter Paulskirche. Geb. 1809 in Frankfurt a.M., gest. 1894 daselbst.

E. Br. m. U., aus Frankfurt vom 27. Januar 1879 (4 S., 161
gr.–8°) an seinen alten Freund, Dr. jur. Theodor Curtius, den – um seine Stadt hochverdienten – Senator und Bürgermeister von Lübeck (Bruder des Archäologen Ernst C. und des Philologen Georg C.). Eingangs- u. Beantwortungsvermerk des Empfängers. Der familiäre, warmherzige Freundschaftsbrief ist besonders reizvoll in seinem Schlussabsatz.

Huch, Ricarda, bedeutende Erzählerin, Lyrikerin, Historiographin. Geb. 1864 in Braunschweig, gest. 1947 zu Schönberg im Taunus.

E. Br. m. U., aus Jena, vom 13. Februar 1947 (1 S., gr.–8°; 171
gelocht) an einen Oberst im Zusammenhang mit dem von ihr geplanten Werk über den Widerstand gegen Hitler. – Moabit: Stadtteil von Berlin mit Sitz des Kriminalgerichts, früher auch des Zuchthauses; hier lag das berüchtigte Zellengefängnis, und hier hat die Geheime Staatspolizei („Gestapo“) Hitlers gefoltert und gemordet.

Der Plan eines dreibändigen Gedenkwerkes an die deutsche Widerstandsbewegung gegen das nationalsozialistische Regime hat Ricarda Huchs literarisches Arbeitsprogramm in den letzten Lebensjahren bestimmt. Im März 1946 rief sie öffentlich dazu auf, ihr weiteres Material anzuvertrauen; erst im Mai 1947 kam es zur Niederschrift der ersten Abschnitte. R. Huch hat das Werk nicht vollenden können; zu Anfang Oktober 1947 – 6 Wochen vor ihrem Tode – übergab sie in Berlin die von ihr erarbeiteten Teile und ihr Material an Günther Weisenborn. Dessen Buch „Der lautlose Aufstand . . . “ (1953) fußt auf R. Huchs und eigener Materialsammlung und ist zugleich Ricarda Huchs Vermächtnis.

Humboldt, Alexander Freiherr von, der große Naturforscher, bedeutendster Geograph der Neuzeit und ein Begründer interdisziplinärer Forschung. Geb. 1769 in Berlin, gest. 1859 daselbst.

E. Br. m. U., aus Berlin, vom 9. September 1856 (2 S., 175
gr.–4°) an den preuß. Minister für Handel, Gewerbe und öffentl. Arbeiten. Hugo v. Rittgen, Professor der Architektur in Gießen, hatte auf der dtsch. Architektenversammlung in Mainz 1847 Entwürfe zur Restaurierung der arg verfallenen Wartburg vorgelegt und war 1849 vom Erbgroßherzog Carl Alexander von Sachsen-Weimar-Eisenach mit der Leitung der umfangreichen damaligen Erhaltungs- wie auch Neubauten beauftragt worden. Das Schreiben zeigt A. v. Humboldt – dessen „gehorsamster“ Ton dem Minister gegenüber der Zeit entsprach – in einer seiner zahllosen uneigennützigen Bemühungen als Förderer. Der mir aus altem Familienbesitz überkommene Brief dürfte bisher unbekannt sein.

E. Br. ohne U. (auf dem e. Kuvert „A v Humboldt“), aus 179
Berlin, lt. Stempel der Stadtpost vom 27. November 1858 (1 S., 8°); Adressat ist „Herr Studierender Gustav Wiemann“. Das Schreiben gehört zu einer Reihe von Briefen Humboldts an G. Wiemann, in denen allen es um Karl Friedrich Friesen (1784 – 1814) geht, der Lehrer, eifriger Mitarbeiter des „Turnvaters“ F.L. Jahn, Mitglied des Tugendbundes und einer der Wegbereiter der Burschenschaft gewesen und als Angehöriger des Lützow'schen Freikorps in den Ardennen gefallen ist. A. v. Humboldt und Friesen sind Jugendfreunde gewesen; ersterer hatte G. Wiemann versprochen, einen kleinen Beitrag zur Erinnerung zu schreiben, der wohl einen Aufsatz Wiemanns über Friesens Lebenslauf ergänzen sollte. – „Fräulein Ludmilla“: die Schriftstellerin und Herausgeberin Ludmilla v. Assing (1821–80). – Auch dieser Brief dürfte bisher ungedruckt sein.

Janáček, Leoš, bedeutender tschechischer Komponist und Volksliedforscher, ein Bahnbrecher der modernen Musik seiner Heimat, ab 1919 Professur am Konservatorium in Brünn. Geb. 1854 in Hochwald (Mähren), gest. 1928 in Mährisch-Ostrau.

E. Br. m. U., aus Brünn, vom 13. Juni 1928 (1 S., kl.–4°). 183
Das kurze Schreiben soll an die Gattin des Duisburger Generalmusikdirektors Wilhelm Grümmer gerichtet sein und soll sich auf die Oper Jenufa, das Hauptwerk Janáčeks, beziehen. „Jenufa“ (uraufgeführt am 21. Januar 1904 in Brünn, deutsche Erstaufführung 1918 in Wien) wurde am 16. Sept. 1928 erstmals – und dann weitere sechsmal im gleichen sowie wiederholt im folgenden Jahr – in Bochum gegeben, jeweils unter der musikalischen Leitung von W. Grümmer; zwischen Bochum und Duisburg bestand damals eine „Theaterehe“. – Was noch („mundgerecht“) zu übersetzen war, ist ungeklärt. Luhazovice: Badeort in Südmähren, in dem J. eine Villa besaß und oft geweilt hat. – Janáček war bis zu seinem Tode schöpferisch tätig. – Der Brief soll aus dem Besitz Wilhelm Grümmers stammen und dürfte unpubliziert sein.

Kant, Immanuel, der große Philosoph. Geb. 1724 in Königsberg, gest. 1804 daselbst.

E. Br. m. U., aus Königsberg, vom 10. März 1797 (½ S., 187
4°), auf dem Vorderblatt eigenhändig adressiert an Dr. Friedländer, mit wohlerhaltenem Siegel. – „Doctor Friedländer“ dürfte der Arzt Michael Fr. (1769 – 1824) sein, der zum Zeitpunkt des Briefes offenbar in Vorbereitung auf eine Berlinreise stand. M. Fr. ist dann vor dem 11. April 1797 in Berlin gewesen und hat dort auch anderen Personen Briefe von Kant überbracht. Kants „Stück“ für die (von Joh. Er. Biester herausgegebene) Berlinische Monats-Schrift, die ab 1797 Berlinische Blätter hieß, ist wohl nicht mehr rechtzeitig in Berlin angelangt, denn erst im September 97 hat Biester Kants „Erklärung“ veröffentlicht. – Es ist mir nicht gelungen, Kants vorliegendes Schreiben im Druck nachzuweisen.

Kant erwuchs erst in vorgeschrittenem Alter zu dem großen kritischen Denker (sein erstes Hauptwerk, die „Kritik der reinen Vernunft“, erschien 1781). Er publizierte bis in sein achtes Lebensjahrzehnt („Metaphysik der Sitten“ 1797; „Streit der Fakultäten“ 1798) und hielt bis 1796 Vorlesungen; seine produktive Geisteskraft blieb bis an sein Lebensende erhalten.

Klopstock, Friedrich Gottlieb, der zwischen Spätbarock und Klassik stehende Dichter, dessen Werk („Der Messias“; Oden) einen Neubeginn der deutschen Literatur bedeutete. Geb. 1724 in Quedlinburg, gest. 1803 in Hamburg.

E. Br. m. U., aus Hamburg, vom 18. Januar 1800 (2 ½ S., gr.–8°) an Johann Wilhelm Ludwig Gleim. Der Text der dritten Briefseite ist hier im Druck wie im Faksimile an den der zweiten Briefseite angefügt worden. – „Suave me magno . . . “: Bezugnahme auf eine Stelle bei Lukrez (zu dessen etwa 55 v. Chr. in Rom erschienenem großen Epos „De rerum natura“ = „Von der Natur“), wo es heisst „Suave mari magno . . . “ = Süß ist's, wenn man in Ruhe vom Lande aus zusehen kann, wie auf dem Meere die Wellen toben . . . ; Kl. hat „me“ für „mari“ gesetzt = Süß ist's, wenn *ich* in Ruhe . . . . – „Herders Zweyter Gang . . . “: auf Herders „Metakritik der reinen Vernunft“ von 1799 folgte 1800 seine „Kalligone“, eine Auseinandersetzung mit Kants „Kritik der Urteilskraft“. – „der fortgeführten Ilias“: vielleicht Joh. Heinr. Voß' Ilias-Übersetzung betreffend, die aber schon 1793 erschien. – Das Folgende bezieht sich wohl auf eine in Kl. Besitz befindliche Antike; „Lararium“: wo die Laren, die Schutzgottheiten des Hauses, stehen. 191

Der Brief ist weder in „Klopstock und seine Freunde. Briefwechsel . . . “, hrsg. von Klamer Schmidt, Halberstadt 1810, noch in „Briefe von und an Klopstock“, hrsg. von J.M. Lappenberg, bei G. Westermann, Braunschweig 1867, noch bisher in der lfd. neuen Sammlung und Ausgabe abgedruckt, wohl aber nach einer Abschrift von unbekannter Hand mit einer ganzen Reihe kleinerer Fehler wiedergegeben im Archiv für Litteraturgeschichte *3* (1874), p. 407.

Knebel, Karl Ludwig von, Dichter, bedeutender Übersetzer, Goethe's „Urfreund“. Geb. 1744 in Wallerstein (Franken), gest. 1834 in Jena.

E. Br. m. U., ohne Ortsangabe (Ilmenau), vom 25. März 1825 (2 ¼ S., 4°) an einen Freund in Weimar nach dem Brande des Weimarer Hoftheaters (21./22. März). – Der Text der dritten Briefseite ist hier im Druck wie im Faksimile an den der zweiten Briefseite angefügt worden. – „was nicht ersäuft werden kann“: wohl Bezugnahme auf derzeitige große Regenfälle. „Heckert“: Christian Friedrich Hecker, der als sehr geschickter (und in Weimar und Jena bekannter) Gemmenschneider in Rom lebte; hat auch eine Gemme mit Goethes Porträt geschnitten. „Lÿnker“: Wilhelm Friedrich Lyncker (1767 – 1843), Oberst und Landrat des Kreises Jena, mit Knebel bekannt (der damals in Jena lebte) wie auch mit Goethe, in dessen Tagebüchern er häufig vorkommt. „Bran“: Friedrich Alexander Bran (1767 – 1831) lebte als vielinteressierter Völkerkundler und wissenschaftlicher Schriftsteller damals ebenfalls in Jena und war auch mit Goethe bekannt. „Islaor“ und „Alonzo“: Werke des französ. Diplomaten u. Schriftstellers N.-A. Salvandy (1795 – 1856); der 1824 in Paris erschienene zweibändige Roman „Don Alonzo“ war in Weimar und Jena sehr beachtet und von Goethe in seiner Zeitschrift „Über Kunst und Altertum“ rezensiert worden; das zweite Werk, „Islaor . . . “, hat weniger Interesse gefunden. „Chymie“: Chemie; mit dem in Jena lehrenden bedeutenden Chemiker Johann Wolfgang Döbereiner (1780 – 1849) stand Goethe in regem wissenschaftlichen Austausch. 197

Der vorliegende Brief ist anscheinend *ungedruckt,* jedenfalls weder in Bd. III von „Nachlaß und Briefwechsel“ noch in anderen Bänden mit Briefen Knebels zu finden. – Knebel ist bis in sein spätestes Alter geistig leistungsfähig geblieben; seine „Distichen“ erschienen 1827, seine Übertragung von Alfieri's Trauerspiel „Saul“ hat er als 84-Jähriger abgeschlossen.

Kokoschka, Oskar, österr. expressionistischer Maler, Graphiker und Dichter. Geb. 1886 in Pöchlarn a.d. Donau, gest. 1980 in Montreux am Genfer See.

E. Br. m. U., aus Villeneuve (Schweiz), vom 9. März 1968 (2 S., 8°) an den Papiermacher Fred Siegenthaler in Birsfelden (Schweiz). Dankeszeilen für die Gabe eines speziell gearbeiteten Papiers zu Kokoschkas 82. Geburtstag. Der 82-Jährige war weiter tätig (auch Niederschrift seiner Erinnerungen: „Mein Leben“, 1970). 203

Kurz, Isolde, bedeutende Erzählerin und Lyrikerin, schrieb aus der Tradition schwäbischer Romantik und mit klassischem Formbewusstsein. Geb. 1853 in Stuttgart, gest. 1944 in Tübingen.

E. Br. u. U., aus München, vom 27. Januar 1934, 5 Wochen nach ihrem 80. Geburtstag (1 S., gr.–4°) an den Vater des Herausgebers des vorliegenden Bandes, Arzt in Bremen. – „vertrackter Husten“ (?): Isolde Kurz hatte ihren 80. Geburtstag aus politischen Gründen in einer Klinik verbracht (ein Vortrag in größerem Rahmen und eine Feier waren durch den damaligen Münchener „Gauleiter“ verhindert worden; sie war der Partei in ihrer Einstellung unerwünscht); „aus unserem Hauff“: Bezugnahme auf die „Phantasien im Bremer Ratskeller“ des schwäbischen Dichters Wilhelm Hauff (1802 – 1827). – Isolde Kurz ist, später körperlich viel leidend, bis in ihr höchstes Alter lebendigen Geistes geblieben. 209

Leibniz, Gottfried Wilhelm Freiherr von, der große Philosoph und Mathematiker, Physiker, Jurist, Geschichts- und Sprachforscher – ein Mann von eminenter Vielseitigkeit. Geb. 1646 in Leipzig, gest. 1716 in Hannover.

E. Br. m. U., aus Hannover, vom 4. November 1715 (1 S., 4°; mit wohlerhaltenem Siegel und Anschrift) an den Theologen Johann Christian Biel (1687 – 1745) in Braunschweig. – Das Schreiben handelt u.a. von der im Anschluss an die Theorie George Berkeley's (1685 – 1753) viel erörterten Frage der Existenz der Erscheinungswelt. Ausser Berkeley werden der am 13. Oktober desselben Jahres verstorbene Philosoph Nicole Malebranche (1683 – 1715) sowie der als Descartes-Forscher hervorgetretene Arthur Collier (1680 – 1732) erwähnt. – Etymologicum Gudianum: ein von dem Philologen Marquard Gude (Gudius; 1635-89, aus Rendsburg, später Bibliothekar in Kopenhagen) herausgegebenes etymologisches Lexikon, das mit dem größten Teil der Gude'schen Bücherei in den Besitz der Wolfenbütteler Bibliothek gelangt ist. Dr. Johann Burkhard Mencke (1674 – 1732): Gelehrter in Leipzig. 213

Der Brief ist bisher allein in N. Barkey's „Symbolae Litterariae Haganae“ Cl. II, fasc. 3, p. 488–489, Den Haag 1778, abgedruckt – mit Auslassung des ersten Satzes und des größten Teils des letzten Absatzes sowie einer Fülle von Unexaktheiten. – Leibniz' letztes Lebensjahrzehnt ist besonders fruchtbar gewesen.

Liszt, Franz von, ungarisch-deutscher Komponist, Meisterpianist und Musikpädagoge von weitreichender Wirkung, großer Förderer des Werkes von Richard Wagner. Geb. 1811 in Raiding (im heutigen Burgenland), gest. 1886 in Bayreuth. 217

E. Br. m. U., aus Budapest, vom 20. Januar 1880 (2 S., gr.-8°) an seine „Cousine“ Henriette von Liszt in Wien, die Gattin von Liszts Stiefonkel Eduard Ritter von Liszt (1817–79), der Franz Liszts Vertrauen in hohem Maße genossen und, wohl aufgrund seiner Stellung als Landgerichtsrat, sein Rechtsvertreter und Vermögensverwalter gewesen war. Eduard von Liszt wohnte seit 1862 mit seiner Familie im Schottenhof, einem im I. Bezirk von Wien gelegenen alten Wohnblock; hier ist Franz Liszt während seiner Wiener Aufenthalte und bei seinen Durchreisen seit 1869 regelmäßig abgestiegen und auch nach Eduards Tode noch häufiger Gast gewesen. – Das Schreiben ist in Franz Liszt's Briefe, hrsg. von La Mara, 3 Bände, Leipzig, Breitkopf u. Härtel, 2. Aufl. 1893/94, nicht abgedruckt; ebensowenig in Franz Liszt, Briefe aus ungarischen Sammlungen

1835 – 1886, hrsg. von M. Prahács, Bärenreiter Kassel 1966 und Akadémiai Kiadó Budapest 1966; es scheint in Budapest auch sonst unbekannt zu sein. – Liszt, der durch seine frühe Virtuosität ja bereits ein „Wunderkind" war, hat – eine außerordentliche Seltenheit – bis in ein hohes Alter als Komponist geniale Produktivität entfaltet (u.a. letzte „Ungarische Rhapsodien" 1882–86).

Locke, John, englischer Philosoph, Psychologe, Pädagoge und bedeutender, „moderner", Staatslehrer; Begründer des Empirismus. Hauptwerk: An essay concerning human understanding (1690). Geb. 1632 in Wrington bei Bristol, gest. 1704 in Oates (Essex).

E. Br. m. U. aus Oates (vom Landsitz des Sir Francis Masham, wo L. sein Alter verbrachte), vom 2. Mai 1700 (1 S., 4°; eigenhändig adressiert) an Mr. Burnet in London; altertümliches Englisch. – Gottfried Wilhelm von Leibniz hatte Reflexionen über den Locke'schen „Essay" verfasst und diese 1696 Locke unterbreitet (der, nach seinen Äusserungen in 2 Briefen an seinen Freund Molyneaux zu schliessen, von den Erwägungen des jüngeren deutschen Philosophen nicht sehr eingenommen gewesen zu sein scheint). Der vorliegende Brief legt nahe, daß Leibniz seine Betrachtungen weiterentwickelt und sie in der Folge Locke wiederum vorgelegt hat. Leibniz' eigentliche, umfangreiche, in Dialogform gehaltene Auseinandersetzung mit Lockes „Essay" entstand dann 1703/04, doch unterblieb ihre Veröffentlichung in Auswirkung des Todes von Locke und ist erst 1765, also postum, durch E. Raspe erfolgt („Nouveaux essais sur l'entendement humain"). Dieses letztere Werk gilt allgemein als die bedeutsamste zeitgenössische kritische Stellungnahme zu Locke's „Essay". 223

Mann, Thomas, der große Erzähler und Essayist; Nobelpreisträger. Geb. 1875 in Lübeck, gest. 1955 in Kilchberg bei Zürich.

E. Br. m. U., aus Erlenbach-Zürich, vom 10. März 1954 (2 ½ S., kl.–4°; mit e. adressiertem Umschlag) an den Schriftsteller und Biologen Dr. Klaus Mampell (geb. 1916) in Beatenberg (Kanton Bern), der sich über Thomas Manns Erzählung „Die Betrogene" (1953) geäussert hatte. – Th. Mann hat mit Dr. Mampell nicht ganz selten korrespondiert. Am 28.6.1953 hatte er ihn auf „Die Betrogene" hingewiesen („Eine Frauengeschichte, die nicht für Frauen ist"); ich „bin neugierig, was Sie dazu sagen werden". – Über die Bedeutung dieser „Frauengeschichte" siehe man z. B. Georg Wenzel „Bemerkungen zu Thomas Manns Erzählung ‚Die Betrogene'" in: Vollendung und Größe Thomas Manns, VEB Verlag Sprache und Literatur Halle a. d. Saale 1962. – Das vorliegende Schreiben ist (im Rahmen der Wiedergabe einer ganzen Reihe von Briefen Th. Manns im Zusammenhang mit „Die Betrogene") in „Dichter über ihre Dichtungen", hrsg. von Rudolf Hirsch und Werner Vordtriede, Bd. *14* Thomas Mann, hrsg. von Hans Wysling unter Mitwirkung von Marianne Fischer, München: Heimeran; Frankfurt a.M.: S. Fischer, Teil III (1981) auf p. 525 auszugsweise gedruckt. – Der Abdruck hier erfolgt mit freundlicher Genehmigung der S. Fischer Verlag GmbH, Frankfurt a. M. 227

Manzoni, Alessandro, italienischer Dichter von großer nationaler und europäischer Wirkung (besonders durch seinen berühmten Roman „I promessi sposi" (1827) = „Die Verlobten"). Geb. 1785 in Mailand, gest. 1873 daselbst.

E. Br. m. U., aus Mailand, vom 20. Dezember 1865 (1 ⅔ S., 8°) an Giambattista Giorgini (1818 – 1906), Politiker und Gatte von Manzonis Tochter Vittoria, in Mailand über politische Fragen. – Luigi Rossari (1797 – 1870), Mailänder Schriftsteller, Freund Manzonis. – A. Manzoni war noch in seinem hohen Alter geistig rege, doch hat er sein historisches Alterswerk nicht mehr vollenden können. 235

Masaryk, Tomáš Garrigue, tschechoslowakischer Soziologe, Philosoph und Staatsmann, der eigentliche Gründer der Tschechoslowakei nach dem ersten Weltkrieg und ihr sehr angesehener, immer wieder gewählter Staatspräsident seit 1918 bis zum Rücktritt aus Altersgründen Ende 1935. Geb. 1850 in Göding (Mähren), gest. auf Schloss Lána bei Prag 1937.

E. Br. m. U., aus Topolčianky, vom 19. September 1933 (2 ½ S., kl.–4°) an den Schriftsteller, insbesondere Biographen, Emil Ludwig (1881 – 1948) in der Schweiz, den Autor der „Gespräche mit Masaryk" (1935, Querido Verlag N.V., Amsterdam). – Lt. Vorwort E. Ludwigs sind die „Gespräche mit dem größten homo europaeus" in deutscher Sprache auf Schloss Lany geführt worden (Masaryks Mutter war Deutsche). – Skrach: vermutlich Sekretär des Präsidenten. Masaryk hat sich bei den Unterhaltungen mit E.L. „in unmittelbarer Frische" gezeigt; daß ein 83-Jähriger, wie unser Brief ausweist, noch Gedichte verfasst, ist überaus ungewöhnlich! 241

Metternich, Clemens Wenzel Fürst von, österreichischer Staatsmann von ausserordentlichem Einfluss auf die europäischen Entwicklungen und Verhältnisse der ersten Jahrzehnte des 19. Jahrhunderts. Geb. 1773 in Koblenz, gest. 1859 in Wien.

E. Br. m. U., aus Wien, vom 19. Januar 1859 (6 S., gr.–8°; Wappen-Blindsiegel auf beiden Bögen) an einen befreundeten Baron, wohl einen Politiker oder Diplomaten. – Metternich gibt Reflexionen über die gesellschaftliche Entwicklung und seine eigene derzeitige Rolle eines Zuschauers im „Schauspielhause der Welt". – „cum beneficio honore[que]": mit Gewinn und Ehre; „vulgo": allgemein; „à tort": unrechtmäßigerweise; „nach dem großen Umsturz": der französischen Revolution. – Das vorliegende Schreiben ist in der achtbändigen Reihe „Aus Metternich's nachgelassenen Papieren", hrsg. vom Fürsten Richard Metternich-Winneburg und A. v. Klinkowström (Wien, Braumüller 1880–84) nicht verzeichnet und auch im Österr. Staatsarchiv zu Wien nicht bekannt. Es könnte noch ungedruckt sein. 249

Fürst Metternich hat sich bis kurz vor seinem Tode als geistig souverän gezeigt und noch macherlei Einfluss ausüben können.

Moltke, Helmuth Graf von, preußischer Feldmarschall, der überragende Stratege der Kriege von 1866 und 70/71, Generalstabschef bis 1888 (!); auch Schriftsteller von Rang; als Mensch bescheiden und wortkarg. Geb. 1800 in Parchim, gest 1891 in Berlin.

Br. m. U., aus Berlin, vom 26. Februar 1872 (⅓ S., gr.–4°); „der große Schweiger" dankt militärisch-knappgefasst für die Zusendung einer philosophischen Abhandlung. – Nach seiner Verabschiedung als Chef des Generalstabes war v. M. noch Präses der Landesverteidigungskommission. 263

Nolde, (eigentlich Hansen), Emil, Maler und Graphiker, einer der Hauptmeister des dtsch. Expressionismus. Geb. 1867 in Nolde (Südtondern), gest. 1956 in Seebüll (Nordfriesland).

E. Br. m. U. „E.N.", aus Berlin, vom 22. August 1938 (2 S., gr.–4°) mit handschriftlich an seinen Freund, den Rechtslehrer Prof. Hans Fehr (1874 – 1961) in Muri bei Bern adressiertem Umschlag. Nolde dankt Fehr für dessen Bericht nach dem Tode Ernst Ludwig Kirchners (1880 – 15.6.1938; Freitod aus Verzweiflung über seine persönliche Lage und die Entwicklung in Deutschland); wie diejenigen Noldes so galten auch die Werke Kirchners in Deutschland nach 1933 als „entartet" und wurden 1937 aus den öffentlichen Sammlungen entfernt. – „Frauenfeld und Davos": gemeint ist Frauenkirch bei Davos; das „Bild der Hirten": 267

Kirchners Gemälde "Hirten am Abend" von 1937. „zu unserem Festtag": Noldes 71. Geburtstag am 7. August 1938; „meine Ada": Frau Ada Nolde geb. Vilstrup. „nun kommt es ganz anders": Hier antwortet Nolde auf die verschlüsselte Nachricht des Freundes, daß seine als „entartet" beschlagnahmten Bilder in nächster Zeit über einen Schweizer Kunsthändler verkauft werden sollten. Nolde schreibt ähnlich vorsichtig umschreibend wie Fehr, denn die Briefe wurden von der Geheimen Staatspolizei geöffnet. Der Bilderverkauf erfolgte am 30. Juni 1939 auf einer Auktion der Galerie Ludwig Fischer in Luzern. (Ich verdanke letztere Angaben Herrn Prof. Dr. Martin Urban, Nolde-Stiftung, Seebüll).

E. Br. m. U., aus Seebüll, vom 5. Juli 1944 (2 S., 8°) an die 271
Bildhauerin Margret Böning in Nordhausen am Harz. Diese hatte Käthe Kollwitz (1867 – 1945) von Berlin her bei sich aufgenommen, deren Haus den Luftangriffen zum Opfer fiel. Margret Böning war Ende Juli 1944 für 2 Tage in Seebüll; von dort reiste sie ins Atelier von Ernst Barlach in Güstrow (frdl. Angabe von Prof. Martin Urban/Seebüll). „Pan": Kunst- und Literaturzeitschrift, 1895 – 1900.

Beide Briefe werden hier erstmals veröffentlicht. – Emil Nolde hat bis in sein höchstes Alter gemalt.

Pestalozzi, Johann Heinrich, der berühmteste Pädagoge seiner Zeit und ein fruchtbarer Schriftsteller. Geb. 1746 in Zürich, gest. 1827 zu Brugg.

E. Br. m. U., aus Yverdun (=Yverdon, Iferten), vom 20. 277
Mai 1817 (1 ¼ S., 4°; der obere Teil des Bogens mit einer Subskriptionseinladung ist abgeschnitten; das Briefende mit der Grußformel ist jetzt im Druck von der Rückseite auf die Vorderseite übernommen worden). – Pestalozzi bittet einen Grafen, die neue Ausgabe seiner Werke durch seine Empfehlung zu fördern (gewiss auch: sie zunächst einmal selbst zu subskribieren). – P. hat dem Erziehungsinstitut in Yverdon bis 1825 vorgestanden. Sein „Schwanengesang" erschien 1826. – Der Brief ist in: Johann Heinrich Pestalozzi, sämtliche Werke und Briefe, hrsg. von E. Dejung bei Orell Füssli/Zürich u. W. de Gruyter/Berlin, in der 2. Reihe (Briefe), Bd. X (1968) unter Nr. 4656 gedruckt.

Planck, Max, der große Physiker, Entdecker des nach ihm benannten Wirkungsquantums und des nach ihm benannten Strahlungsgesetzes, Nobelpreisträger; zugleich eine in ethischer Hinsicht weit herausragende noble Persönlichkeit. Geb. 1858 in Kiel, gest. 1947 in Göttingen.

E. Br. m. U., aus Berlin, vom 23. September 1925 (4 S., 8°) 281
an den Physiker und Nobelpreisträger Wilhelm Wien (1864 – 1928) in München. – Bekanntlich zeigte sich, daß die Relativitätstheorie, auch die „spezielle" (um deren alsbaldige Durchsetzung sich gerade Planck so verdient gemacht hat) keineswegs „erledigt" war; Plancks Skepsis gegenüber damals vorgelegten Versuchsergebnissen war berechtigt. Laue: Max v. Laue (1879 – 1960), Physiker, Nobelpreisträger; Paschen: Friedrich (1865 – 1947), Physiker. – Die Veröffentlichung des Briefwechsels zwischen Max Planck und Wilhelm Wien steht noch bevor.

Vorgedruckte Danksagung für Glückwünsche zum 85. 289
Geburtstag auf Postkarte, mit eigenhändiger Anschrift, Angabe von Ort und Datum, Anrede, eigenhändigen 6 Zeilen und Unterschrift, aus Amorbach, vom 6. Mai 1943 an Prof. Freiherrn O. v. Verschuer, den Leiter des Kaiser Wilhelm-Instituts für Anthropologie ... in Berlin-Dahlem. Gelocht.

E. Br. m. U., aus Göttingen, vom 5. Juni 1947 (½ S., 291
gr.–8°) an einen Herrn. – „Religion und Naturwissenschaft" war der Titel eines von M. Planck im Mai 1937 im Baltikum gehaltenen Vortrags, der alsbald bei Johann Ambrosius Barth, Leipzig, gedruckt wurde (2., unveränderte Aufl. ebendort 1938).

Max Planck, der das Schicksal hatte, daß sein einziger noch lebender Sohn Erwin im Zusammenhang mit dem 20. Juli 1944 hingerichtet wurde, ist bis in sein höchstes Alter geisteskräftig geblieben.

Purrmann, Hans, Maler und Graphiker; Schüler und Freund von Henri Matisse. Geb. 1880 zu Speyer, gest. 1966 in Basel.

E. Br. m. U., aus Levanto/La Spezia, vom 15. Mai 1964 (3 295
S., 4°) an den großen Kunstsammler Dr. Arthur Rosin; (auf der Rückseite Grüße und kurzer Bericht über den Vater – dem es gut gehe – von seiner Tochter Regine). – Der Brief bietet interessante Aspekte des „Kunstmarkts". Der 84-Jährige (der nach Angabe seiner Tochter im übrigen vor- wie nachmittags im Garten arbeitet) malt nach wie vor und freut sich, daß ihm attestiert werde, er habe immer noch Fortschritte gemacht.

Raabe, Wilhelm, Dichter, bedeutender Erzähler des „poetischen Realismus". Geb. 1831 in Eschershausen (Braunschweig), gest. 1910 in Braunschweig.

E. Br. m. U., aus Braunschweig, vom 4. Juli 1910 (1 S., 8°) 303
mit eigenhändig adressiertem Umschlag an Julius Haupt in Düsseldorf, dem eine sehr eindeutige Stellungnahme zuteil wird. – Raabes Spätwerk, das sich von der vorangehenden Schaffenszeit deutlich abhebt, wird zunehmend beachtet. Die Arbeit seiner letzten Lebenszeit, der Roman „Altershausen" (hrsg. 1911) blieb allerdings unvollendet.

Schweitzer, Albert, Arzt, Theologe, Kulturphilosoph und Musiker, der Gründer des Tropenhospitals in Lambarene; Träger des Friedensnobelpreises. Geb. in Kaysersberg (Elsaß) 1875, gest. in Lambarene (Gabun) 1965.

E. Br. m. U., aus Lambarene, vom 7. Februar 1952 (1 S., 307
gr.–4°, auf bläul. Luftpostpapier; kleine Einrisse; der Bogen trägt rechts-oben eine „(1.", A. Schweitzer hatte wohl zunächst ein mehrseitiges Schreiben vorgehabt) an E.R. Franke, den Herausgeber und Hauptschriftleiter der deutschsprachigen Zeitschrift „Südamerika" in Buenos Aires, mit dem A. Schw. während der 50er Jahre vielfach korrespondiert hat, eigenhändig wie auch durch seine vertraute Helferin Mathilde Kottmann, die zahlreiche Briefe für ihn geschrieben hat. – Schweitzer wirkte in Lambarene weiter. – Der vorliegende Brief ist offenbar bisher unpubliziert.

Seidel, Ina, Dichterin und Schriftstellerin von großer Gestaltungskraft (Romane, Erzählungen, Lyrik, Essays und Biographien). Geb. 1885 in Halle a.d. Saale, gest. 1974 in Schäftlarn (Landkr. München).

Originaltyposkript m. e. U., aus Starnberg, ohne Datums- 311
angabe (5. Juni 1969; 1 S., gr.–4°) an den Herausgeber des vorliegenden Bandes.

E. Br. m. U., aus Starnberg, vom 28. Mai 1973 (2 S., gr.–4°; 313
mit e. adressiertem Umschlag) an denselben, in einem Briefwechsel über die autobiographische Kindheitsgeschichte „Vor Tau und Tag". – Ina Seidel als 88-Jährige: „ich möchte ... noch so viel zu Ende denken und begreifen"!

Spranger, Eduard, Kulturphilosoph und Pädagoge, bemühte sich um die Prinzipien einer geisteswissenschaftlichen Psychologie; Professuren in Leipzig, Berlin, Tübingen. Geb. 1882 in Berlin, gest. 1963 in Tübingen.

E. Br. m. U., aus Tübingen, vom 24. August 1961 (2 S., 319
gr.–8°) an Dr. Dr. Eduard Lubowski, Zahnarzt in Berlin, mit dem ihn ein freundschaftliches Verhältnis verband und

der eine langjährige bewährte Helferin verloren hatte. – In Alpirsbach (Schwarzwald) hat Ed. Spr. sich wiederholt aufgehalten; hier manifestierte sich im Sommer 1963 plötzlich auch die schwere innere Erkrankung, der er bald darauf erlag. – Der Brief ist in: Eduard Spranger, Gesammelte Schriften, VII, Briefe 1901 – 1963, hrsg. von Hans Walter Bähr, bei Max Niemeyer Tübingen 1978, *nicht gedruckt;* auch der Adressat (mit dem Spr. wiederholt korrespondiert hat) ist dort nicht aufgeführt. – Eduard Spranger blieb geisteskräftig bis in sein letztes Lebensjahr hinein.

Stein, Karl Reichsfreiherr vom und zum, preußischer Staatsmann und bdtd. Reformer wie auch Schriftsteller und der eigentliche Begründer der „Monumenta Germaniae historica". Geb. 1757 in Nassau, gest. 1831 auf Schloss Cappenberg (Westf.)

E. Br. m. U., aus Cappenberg, vom 22. Februar 1826 (2 S., 325
gr.–4°; mit Siegel und Anschrift) an den damaligen Gesandten Hannovers in Berlin Franz v. Reden, seinen Jugendfreund. – „Erwartung des Landtags": der 1. Westfälische Provinziallandtag stand bevor. "Pius questus [quaestus] . . . ": Zitat aus des „alten Cato" (234 – 149 v. Chr.) Buch „Über die Landwirtschaft" (ältestes uns erhaltenes Prosabuch der Römer) „der redlichste, sicherste und am wenigsten beneidete Erwerb ist der des Bauern, und wer sich dieses Erwerbs befleissigt, wird am wenigsten schlechte Gedanken haben". „Ausgabe der Quellen": 1826 erschien der erste Band der Monumenta Germaniae historica unter der wissenschaftl. Leitung von G.H. Pertz. „fratzenhaften Vettern": Franz Egon Frhr. v. Fürstenberg, Bischof von Hildesheim, war am 11. Juli 1825 gestorben; Haupterbe war sein Neffe Theodor Frhr. v. Fürstenberg. „Die Ereignisse im Norden": Der Tod des lange von Stein beratenen Zaren Alexander I. am 1. Dezember 1825 hatte in Petersburg den Dekabristenaufstand ausgelöst. In einem etwas früheren Brief hatte St. zu diesem Ereignis bereits kritisch geäußert „man sieht, daß Prätorianer, Geheime Polizei, Bücherzensur nicht gegen Revolutionen schützen".

Der Brief, dessen Original als verschollen galt, ist bei Pertz (Freiherr vom Stein. Briefe und Schriften, 6 Bde., 1849–55) in Bd. VI wie auch in neueren Sammlungen nach einer Abschrift mit kleinen Unexaktheiten abgedruckt. – Stein hat bis zu seinem Tode regen Anteil am politischen Leben genommen und war noch 1831 als Landtagsmarschall in Westfalen im Sinne der ständischen Selbstverwaltung tätig.

Straßmann, Friedrich (Fritz), Chemiker; ab 1929 am Kaiser Wilhelm-Institut für Chemie in Berlin, als Mitarbeiter Otto Hahn's beteiligt an der Entdeckung der Atomkernspaltung Ende 1938 (wofür er 1966 zusammen mit Otto Hahn und der Physikerin Lise Meitner den Enrico Fermi-Preis erhielt); nach dem Kriege am Max Planck-Institut für Chemie sowie 1946–70 Professur an der Universität in Mainz. Geb. 1902 in Boppard a. Rh., gest. 1980 in Mainz.

Originaltyposkript m. e. U., aus Mainz, vom 3. Mai 1976 331
1 ½ S., 4°) an einen körperlich behinderten jungen Nordamerikaner. – Fritz Straßmanns großer Menschlichkeit entsprechend, ein einfühlsamer Ermunterungsbrief. Fr. Str. ist trotz körperlichen Leidens in seinen letzten Jahren bis zuletzt geistig präsent geblieben.

Tschermak, Erich, Edler von Seysenegg, österr. Botaniker, Professur in Wien; Neuentdecker (1900) – gemeinsam mit dem Deutschen Carl Erich Correns und dem Niederländer Hugo de Vries – der grundlegenden Mendel'schen Vererbungsregeln, die er in der Folge planmäßig auf die Züchtung von Nutz- und Zierpflanzen angewandt hat. Geb. 1871 in Wien, gest. 1962 daselbst.

E. Postkarte mit U., aus St. Wolfgang (Salzkammergut), 335
vom 23. August 1952 an den Humangenetiker Prof. Freiherrn O. v. Verschuer in Münster i.W., mit eigenhändigem Vermerk des Empfängers „Einer der drei Wiederentdecker von Mendel". Gelocht. – Der 80-Jährige bedauert, nicht mehr experimentell arbeiten zu können!

Voltaire, eigentlich François-Marie Arouet, hochbedeutender und enorm fruchtbarer französ. Schriftsteller, Philosoph und Historiker von zu seiner Zeit überragender geistiger Autorität im Europa der Aufklärung. Geb. 1694 zu Paris, gest. 1778 daselbst.

E. Br. m. U. „V", aus Ferney bei Genf, vom 12. Juli 1764 341
(2 S., 4°; mit, beim Öffnen beschädigtem, Siegel und Anschrift) an den Advokaten Sébastien Dupont in Colmar. – Es geht um die Weiterzahlung einer Kapitalrente des Herzogs von Württemberg an V. (der sich immer als geschäftstüchtig und finanziell erfolgreich erwiesen hat). – Der Brief ist, in orthographisch weitgehend überarbeiteter Fassung, gedruckt bei Besterman, Th: Voltaire's Correspondance (107 Bde., 1953–65) in Bd. 55, S. 160/161, Genf 1960. Ich habe ihn hier in der Originalschreibweise wiedergegeben. – Voltaire ist bis kurz vor seinem Tode geisteskräftig geblieben.

Waldeck, Johann Friedrich Maximilian, Baron von, naturalisierter Franzose; Weltreisender und „Explorateur" sowie Maler und Kunststecher. Geb. 1766 in Prag, gest. 1875 in Paris.

E. Br. m. U., aus Paris, vom 6. Oktober 1869 (2 S., 8°; mit 347
Blindprägung FW unter einer Krone) an eine – wesentlich jüngere – Dame. Der vitale 103-Jährige bedauert, nur während 8 Tagesstunden malen zu können. – „traurigen Jahr 93": Königin Marie Antoinette, 1791 im „Temple" inhaftiert, wurde 1793 aus der Conciergerie heraus zur Guillotine gebracht. – Waldeck blieb geistesklar bis in seine Todesstunde.

Washington, George, Feldherr im Unabhängigkeitskrieg und – einstimmig gewählter, allerseits verehrter – erster Präsident der USA (1789–97). Geb. 1732 in Wakefield (Westmoreland/Virginia), gest. 1799 zu Mount Vernon (Virginia).

E. Br. m. U., aus Mount Vernon, vom 8. Dezember 1799 353
(1 S. 4°; mit schwarzem, wohlerhaltenem Initialensiegel und Anschrift) an seinen Gutsnachbarn John Mason in Georgetown, dem westlichen Teil der 1790 gegründeten Stadt Washington, die Schiffbarkeit des Potomac betreffend. – Das sachliche, kaufmännisch-nüchtern erscheinende Schreiben betrifft nichts desto weniger einen Herzenswunsch, ein Lieblingsprojėkt, George Washingtons. Es war einer seiner letzten Briefe, 6 Tage vor seinem Tode geschrieben.

Watt, James, englischer Feinmechaniker, Ingenieur und bedeutender Erfinder; Instrumentenbau an der Universität Glasgow (1757–66), Gründung einer Dampfmaschinenfabrik (Boulton u. Watt) in Soho in Birmingham (1775), Entwicklung entscheidender Verbesserungen der Dampfmaschinen, wodurch die industrielle Revolution wesentlich gefördert wurde. Nach J. Watt ist die international eingeführte Einheit der Leistung benannt. Geb. 1736 in Greenock-on-Clyde, gest. 1819 in Heathfield bei Birmingham.

E. Br. m. U., aus Heathfield, vom 16. Januar 1815 (2 S., 4°), 357
humorvoll und in eigenwilligem Englisch, an J.F. Tuffen in London über sein und seiner Familie Ergehen. – Soho: Ort der Fabrik; Boulton: Unternehmer. 1812 – 1814/15 ruhmloser („zweiter Unabhängigkeits"-)Krieg der Vereinigten Staaten gegen England; durch den Frieden von Gent mit dem Ergebnis des Status quo ante beendigt.

Wieland, Christoph Martin, der Dichter (und Übersetzer). Geb. 1733 in Oberholzheim b. Biberach, gest. 1813 in Weimar.

E. Br. m. U., aus Weimar, vom 30. Juni 1904 (2 ¾ S., 8°) an 363
den Archäologen K.A. Böttiger (1760 – 1835), seinen engen Mitarbeiter am „neuen Teutschen Merkur", in Dresden. – „ultimam . . . ": das Lebensende. „auf Acerbis Fußstapfen": Giuseppe Acerbi (1773 – 1846), Reisender, der als erster Italiener 1798 bis ans Nordkap gelangt ist (seine Reisebeschreibung erschien 1802 in London, 1803 in Berlin und 1804 in Paris). Geßner: Heinrich Geßner, Wielands Schwiegersohn, war als „Nationalbuchdrucker der Helvetischen Republik" nach deren Zusammenbruch in Not geraten. „taedios": langweilig. Cotta: der große Verlagsbuchhändler Johann Friedrich Cotta (1764 – 1832). „rarae aves . . . ": seltene Vögel auf dieser Erde. „unsre gute Fürstin": Herzoginwitwe Anna Amalia von Sachsen-Weimar-Eisenach (sie hatte Wieland 1772 als Prinzenerzieher nach Weimar berufen). „der Dame und Coppet": bezieht sich auf die von Wieland bewunderte Madame de Stael, welche im Winter 1803/04 Weimar zum ersten Mal besucht hatte, und auf August Wilhelm von Schlegel („A.W."), der seit Mai 1804 als Hauslehrer der Kinder Madame de Staels auf deren Schweizer Landsitz Coppet lebte. „Concetti": geist- und kunstreiche Wortspiele. Schreiter: Karl Gottfried Schr., Professor in Leipzig, der im April und Mai 1804 je einen Brief mit Wieland gewechselt hat. „hoc scio . . . ": da bin ich mir völlig sicher. Iffland: der bdtd. Schauspieler und Theaterleiter; Wielands Übersetzung der „Helena" des Euripides erschien 1806. Hygea (Hygieia): Göttin der Gesundheit.

Der Brief ist bisher *ungedruckt.* Das Wieland-Museum in Biberach a.d. Riß besitzt aus dem Nachlass B. Seuffert's eine ältere, nicht fehlerfreie, Abschrift. – Chr. M. Wieland hat die Übersetzung der Briefe Ciceros, an der er zuletzt arbeitete, nicht mehr abschließen können.

Willemer, Marianne von, geb. Jung, Freundin Goethes, die „Suleika" des „Westöstlichen Divans". Geb. 1784 in Linz (?), gest. 1860 zu Frankfurt a.M.

E. Br. m. U., aus Frankfurt a.M., vom 14. November 1860 371
(1 ½ S., gr.-8° mit Anschrift: Frau Räthin Schlosser, Stift Neuburg) an ihre Freundin Sophie Schlosser, geb. du Fay, die Gattin Johann Heinrich (Fritz) Schlossers in Stift Neuburg vor den Toren Heidelbergs. – „Ichtiosaurus": Fischsaurier, Fossil; scherzhaft, wohl im Sinne von „schon gar nicht mehr recht im Leben stehend". Das „Großmütterchen": Marianne v. Willemer, Gattin des ein Vierteljahrhundert älteren Johann Jacob v. Willemer, hatte wenige Jahre nach der beseligenden Begegnung mit Goethe und der furchtbaren Erschütterung über das Ende in Heidelberg die Großmutterrolle für die Kinder ihrer, ihr gleichaltrigen, Stieftöchter übernommen. Ihr Porträt – lebhafte, freundliche Augen, freundlicher Mund – zeugt noch im Alter für die seelische Anmut, die dieser Frau eigen war. – Der Brief scheint unveröffentlicht zu sein.

Wöhler, Friedrich, einer der bedeutendsten Chemiker seiner Zeit; ab 1836 Inhaber des Lehrstuhls für Chemie an der Universität Göttingen; die ihm 1828 gelungene Synthese des Harnstoffs ist ein Markstein in der Geschichte der Chemie. Geb. 1800 in Eschersheim bei Frankfurt a.M., gest. 1882 in Göttingen.

E. Br. m. U., aus Göttingen, vom 7. November 1881 (2 ⅔ 377
S., gr.–8°) an den Mathematiker Moritz Stern, den er bittet, in einer öffentlichen Sitzung der Königl. Gesellschaft der Wissenschaften den Festvortrag zum „50jährigen Societäts-Jubiläum" des bdtd. Göttinger Physikers Wilhelm Weber (1804–91) zu halten.

Die Akademie der Wissenschaften in Göttingen war 1751 von König Georg II. von Großbritannien, Kurfürst von Hannover, als „Königliche Societät der Wissenschaften" gegründet worden. Sie hatte eine mathematisch-physikalische u.a. „Klassen". – „ad rem": zur Sache. Wüstenfeld, Ferdinand (1808–99), bdtd. Orientalist in Göttingen. „ex post": nachträglich. Albrecht von Haller (1708–77), der bdtd. Arzt, Naturforscher und Dichter, war erster Präsident der „Societät" gewesen. Gauss, Carl Friedrich (1777 – 1855), der große Mathematiker und Astronom. Heyne, Christian Gottlob (1729 – 1812), hochangesehener klassischer Philologe. Blumenbach: s.o. in diesem Bande. Hausmann, Ludwig (1782 – 1859), Mineraloge u. Geologe. Commentarii und Commentationes: Denkwürdigkeiten und gründliche Überlegungen. Hanssen, Georg (1809–94), Agrarhistoriker u. Nationalökonom. Bunsen, Robert Wilhelm (1811–99), Chemiker, Professor in Marburg, Breslau u. Heidelberg; gilt als Begründer der pyhsikal. Chemie in Deutschland.

Zuckmayer, Carl, erfolgreicher Dramatiker, auch Lyriker, Erzähler, Autobiograph. Geb. 1896 in Nackenheim b. Mainz, gest. 1977 in Visp im Schweizer Kanton Wallis.

E. Br. m. U., aus Saas-Fee (Wallis), vom 10. Januar 1975 (1 385
S., gr.–4°; gelocht) an Rudolf Lenk. – Das Schreiben betrifft den Plan einer Hilfsaktion für den Sohn (aus zweiter Ehe) der bedeutenden – u. a. von Bernt Brecht hochgeschätzten – Schauspielerin Carola Neher (geb. 1905 in München), der Frau (in erster Ehe) von Klabund. Carola Neher war 1933 in die UdSSR emigriert, 1936 in Moskau verhaftet und 1942 bei Orenburg am Ural erschossen worden. – Der Brief dokumentiert einmal mehr die für Carl Zuckmayer selbstverständliche Hilfsbereitschaft.

Quellennachweis der Abbildungen

Die Abbildungsvorlagen bzw. die Zustimmung zur Bildwiedergabe verdanke ich der Freundlichkeit der in den Bildunterschriften genannten Institutionen.

Bildquellen-Siglen:
BPK Bildarchiv Stiftung Preußischer Kulturbesitz, Berlin (West)
FDH Freies Deutsches Hochstift, Frankfurter Goethe-Museum, Frankfurt a. Main
GMD Goethe-Museum Düsseldorf, Anton- und Katharina-Kippenberg-Stiftung
NFG Nationale Forschungs- und Gedenkstätten der klassischen deutschen Literatur in Weimar
SNM Schiller Nationalmuseum und Deutsches Literaturarchiv, Marbach a. Neckar
STDW Stifterverband für die Deutsche Wissenschaft e.V., Essen-Bredeney

Jacob Burckhardt (Zeichnung, datiert 10. Mai 1888, von Theodor Bissegger; Porträtsammlung der U. B. Basel. Das Blatt geht wahrscheinlich auf ein Foto aus 1878 zurück: J. B. geht mit der Mappe über den Münsterplatz

Carl Gustav Carus: Nach dem Ölbild auf Leinwand (92 × 72 cm) von J. Hübner 1844; Inv. Nr. IV/1258; FDH

Friedrich Fröbel (Zeichnung von Strauch) aus: Julius Scheveling (Hrsg.), Friedrich Fröbel. Ausgewählte Pädagogische Schriften (1965)

Francis Galton aus: Luigi Gedda, Studio dei Gemelli, Ediz. Onzzonte Medico, Rom 1951, p. 68

Thomas Mann und Max Planck aus: Die großen Deutschen, hrsg. von H. Heimpel, Th. Heuss, B. Reifenberg; Ullstein, Berlin 1966, Bd. 4, p. 743 und 649 (Propyläen-Verlag, Berlin)

Erich Tschermak von Seysenegg aus: Ivar Johansson, Meilensteine der Genetik, aus dem Schwedischen (1979) übersetzt; Paul Parey, Hamburg und Berlin 1980, p. 31

Fotografische Aufnahmen stammen von: Dorothea Bleibtreu, Bonn a. Rhein (Erich Hoffmann), Fritz Eschen, Berlin (Otto Hahn, Ricarda Huch); Francesco Hayez (Alessandro Manzoni, Pinacoteca di Brera, Mailand); Otto Hemstedt, Leck (Emil Nolde; copyright: Stiftung Seebüll Ada und Emil Nolde); Felix H. Man (Oskar Kokoschka); Prof. Dr. Otto Steinert, Essen (Max Born, James Franck, Karl von Frisch); Hanne Zapp-Berghäuser, Rösselerstr. 2, 8000 München 21 (Fritz Straßmann)